Voenix

Der germanische Götterhimmel

Arun

Arun-Verlag, Ortsstr. 28, D-07407 Engerda, Tel: 036743/233-0, Fax: 036743/233-17,
email: info@arun-verlag.de, www.arun-verlag.de.
Titelbild: Voenix, (www.voenix.de).
Gesamtherstellung: Drogowiec, Kielce.

ISBN 3-935581-32-7

Inhalt

Hinweis zum besseren Zurechtfinden der weit verzweigten Götterwelt

Alle Namen, die in **fetter Schreibweise** gehalten sind, verfügen über ein eigenes Kapitel in diesem Buch.

Vorwort

Die Idee zu dem vorliegenden Bildband entstand vor wenigen Monaten, als ich mir über eine demnächst anstehende dritte Auflage meines Haupt-Werkes „Weltenesche-Eschenwelten" Gedanken machte. Es war zu prüfen, ob inzwischen nicht doch eine Möglichkeit existierte, sämtliche Abbildungen in Farbe zu präsentieren. Nach dem Einholen mehrerer Kostenvoranschläge wurde die anfängliche Euphorie jedoch recht rasch auf ein „umsetzbares Maß" zurechtgestutzt. Kurz gesagt, eine vierfarbige „Weltenesche" als Softcover käme am Ende auf einen höheren Endpreis als das bisherige Hardcoverformat, und das war es nun wirklich nicht, was mir vorschwebte.

Die Priorität dieses Bandes liegt vor allem auf den farbigen Illustrationen. Auch fertigte ich für jedes der 81 Kapitel eine zusätzliche Zeichnung an, die einen weiteren Bezug verschafft oder eine Szene aus einer bekannten Sage wiedergibt. Die dazugehörigen Texte beziehen sich diesmal fast gänzlich auf den entsprechenden Mythos, wobei gelegentlich noch der ältere Volksglaube mit einbezogen wird. Die uns vorliegenden „mythischen Fakten" leicht verständlich zu komprimieren, ohne dabei unnötig in esoterische und orakelnde Bereiche abzugleiten, war das Ziel.

Was dabei herausgekommen ist, kann nun jeder auf den folgenden Seiten selbst ersehen. Mögen sie einen bleibenden Eindruck beim Betrachten und Lesen hinterlassen, ja, möglicherweise sogar den ein oder anderen selbst zu einer schöpferischen Auseinandersetzung mit dem „lebendigen Mythos" inspirieren.

Mit kreativen Grüßen,
Euer
Voenix

Engerda, Juli 2003

Einleitung

Als Grundlage für die hier dargestellten Charaktere diente die Edda, eine Sammlung altnordischer Götter- und Heldenlieder, sowie das althochdeutsche Nibelungenlied. Aufgezeichnet wurden die Lieder der „Älteren Edda" zwischen 800 und 1200 n. Chr. vorwiegend in Norwegen und Island. „Edda" bedeutet soviel wie Urgroßmutter, vermutlich entstand dieser Titel in Anlehnung an die jeweils älteste Generation, die stets über die längste Lebenserfahrung und die noch am weitesten zurückliegenden Ereignisse Bescheid wusste. Über die Verfasser einzelner Lieder ist nur wenig bekannt, die meisten verlieren sich in geschichtlicher Anonymität. Die „Jüngere Edda" entstand gegen Anfang des 13. Jh. in Island. Verfasser ist Snorri Sturluson (1178 - 1241 n. Chr.), der wohl bedeutendste isländische Gelehrte und Politiker seiner Zeit. Er schrieb die Regeln der skaldischen Dichtungsformen nieder und schuf mit seinen ausführlichen Aufzeichnungen und Darstellungen das erste Nachschlagewerk seiner Art der altnordischen Götterwelt. Diese Götter jedoch als „gemeingermanisch" zu erachten, wäre falsch. Es ist erwiesen, dass das Heidentum niemals eine einheitliche Götterlehre hervorbrachte, was bei der Vielzahl einstmals existierender Volksstämme und deren kultureller wie religiöser Vielschichtigkeit nicht weiter verwundern darf. Wenngleich auch aus römischer Besetzungszeit einige Inschriften auf Weihesteinen vorliegen, so bleibt uns neben dem berühmten Merseburger Zaubersprüchen, einigen skandinavischen Sagen und den Niederschriften des römischen Geschichtsschreibers Tacitus (1.Jh. n. Chr.) nur wenig Überliefertes zum Thema der germanischen Götter.

Der germanische Götterglaube

Wer oder was aber sind denn nun eigentlich die Götter, mag sich mancher Leser an dieser Stelle berechtigter Weise fragen? Seit dem Auftauchen des Menschen gab und gibt es auf diesem Planeten unzählige Ereignisse und Begebenheiten, welche ihn mit Schrecken oder ehrfürchtigem Respekt erfüllt haben. Diese Erscheinungen als außerweltliche, göttliche Kräfte zu verehren und die Versuche, sich auf irgendeine Art und Weise mit ihnen zu arrangieren, waren natürlicher Bestandteil des damaligen Lebens. Obwohl das Heidentum von einer polytheistischen Sichtweise geprägt war, lag doch der Schwerpunkt des religiösen Empfindens auf der Verehrung einer umfassenden göttlichen Allmacht, von welcher sich die Natur gänzlich durchdrungen zeigte. Tacitus bemerkte bei seiner Niederschrift über die germanischen Völker um das Jahr 90 n. Chr. staunend, dass diese ihre Götter nicht in Wänden und Tempeln einschlossen, sondern in grünen Hainen verehrten und ihnen Lichtungen weihten. Nach deren Glauben waren sie in Bäumen, Berggipfeln und Quellen zu Hause, die von Zwergen, Elben, Riesen und Nixen bewohnt waren. Die Götter waren also ursprünglich die personifizierten Naturkräfte, deren Wirken unmittelbar im Scheinen der Sonne, im Sturm eines Gewitters oder dem Erblühen der Natur seinen Ausdruck fand. Um diese Mächte anrufen zu können, verdichtete man sie zu Bildern, die sich im Laufe der Jahrhunderte beständig umformten und weiter differenzierten. Erst später erhielten diese Mächte ihre menschenähnlichen Züge und erhoben sich als richtende, strafende oder Gunst gewährende Herrscher über den Menschen.

Die Göttersage nun erwächst stets aus dem Götterglauben, dessen Vorhandensein für die bestehenden Quellen die Voraussetzung schuf. Es gibt Vermutungen, dass die nordischen Götter selbst einst Menschen waren, die über besondere Fähigkeiten verfügten. Deshalb wurden sie oftmals als Führer auserwählt und erfuhren nach ihrem Tode nicht selten eine Art gottähnlicher Verehrung, wie sie selbst heute noch manchen Menschen zuteil wird. Über Generationen hinweg trat aus diesen sagenhaften Gestalten ein eigenes Pantheon hervor, dessen Geschichten für den Zuhörer nachvollziehbar bleiben konnten. Wenngleich es bei wichtigen Versammlungen und Festen üblich war, nur die zentralsten und wichtigsten Gottheiten anzurufen, präsentierte sich dem Einzelnen schließlich ein personal-differenzierter Götterhimmel, der es ihm erlaubte, seine Bitten und Opfer an genau jene Gestalt zu richten, deren Kraft oder Schutz er bedurfte.

Im Verlauf der Geschichte gewannen vor allem die kriegerischen Gottheiten zusehends an Bedeutung, die man um des erhofften Sieges willen anrief. Das Schicksal des Volkes bestimmte die Schlacht, weshalb die Götter- und Heldensage von Kampfesruhm und Heldenglanz durchtränkt ist. Die Verbindung und namentliche Bedeutung der einstigen Naturgötter, die als „Wanen" bezeichnet werden und in der Bronzezeit angesiedelt werden können, ging im Verlauf der Geschichte immer weiter zurück und wurde in das kommende, vorwiegend patriarchal strukturierte Göttersystem der „Asen" integriert.

Endlich erscheinen die Götter in menschlicher Gestalt und Aussehen. Der idealisierte und vollkommene Körperbau wird vorausgesetzt, weswegen hoch gewachsene, reich gekleidete und herausgeputzte Menschen vom erstaunten Volk nicht selten als Asen angesehen wurden. Die Götter führten natürlich ein ranghöheres und längeres Leben, wenngleich sie doch nicht als unsterblich galten. Es verlief ähnlich wie das der Menschen und zeigte sich moralisch ebensowenig vollkommen, was eine gewisse Nähe schuf und Sympathie bei ihren menschlichen Anhängern hervorrief. Die Götter führten Kriege, befragten das Orakel, feierten festliche Gelage und suchten ebenso eifrig die geschlechtliche Vereinigung. Ihr Dasein wurde über viele Generationen nicht in Frage gestellt, solange, bis sich die Priester eines neuen Gottes nach Europa aufmachten. Im Handgepäck, neben Kreuz und frommen Sprüchen, das geschliffene Schwert für all jene Ungläubigen, die sich weigerten seine Herrlichkeit von sich aus anzunehmen.

Brauchen wir heute noch die Götter?

Durch den aufklärenden Geist der Wissenschaften wurde sich der Mensch in den letzten Jahrhunderten zunehmend über die Funktionalität und Beschaffenheit seiner Umgebung bewusst, was einen ausgelagerten Gottesbegriff immer weiter in den Hintergrund rücken ließ. Geht die spirituelle wie religiöse Erfahrung und Verbindung zum lebendigen Göttlichen jedoch erst einmal verloren, treten an deren Stelle unweigerlich Werte, Normen und Ersatzgötzen, die sodann eine Form der Anbetung erfahren. Dass die alten Götter, Mythen-, Märchen- und Sagengestalten zwangsläufig immer weiter verschwinden, ist deshalb auch auf das Ausbleiben der menschlichen Imaginationskraft zurückzuführen. Dabei ist in Vergessenheit geraten, dass diese mit starken Seelenkräften versehenen Gottformen auf einer anderen Ebene aber durchaus noch existieren können.

In unserer Zeit, wo immer mehr Menschen damit beginnen, sich selbst als Teil und Ausdruck einer alles umfassenden Göttlichkeit zu begreifen, kann die Wiederbesinnung auf die alten Götter von großem Nutzen sein. Verkörpern und transportieren sie doch nicht zuletzt die faszinierenden Kräfte und Erkenntnisse vergangener Epochen, deren naturhaften Gesetzmäßigkeiten wir uns noch öfters beugen, als wir dies ahnen oder wahrhaben wollen. Ihre behutsame Wiederbelebung im Spiegel eines neuen Bewusstseins mag dazu beitragen, in naher Zukunft ein ganzheitlicheres Dasein zu führen, in welchem die eigenen verdrängten Inhalte nicht länger dem „bösen" anderen untergeschoben werden müssen.

Das Erkennen und Erforschen dieser wesensnahen Seelenkräfte, welche uns in den Gestalten der Edda auf mythischer Ebene entgegentreten und als zeitlose Wahrheiten jederzeit zur Verfügung stehen, kann zu einem tiefen und wertvollen Verständnis der eigenen Empfindungs- und Handlungsweisen führen. Vor allem, wenn wir versuchen, hinter diese Bilder zu schauen, um darin die Sehnsüchte, Absichten und Ängste der eigenen Seele zu entdecken.

Die Weltenesche Yggdrasill

Zu allen Zeiten gab es Menschen, die versuchten, sich ein Bild von der Welt zu machen, um diese „greifbarer" werden zu lassen. Aus der Edda erfahren wir den Aufbau eines solchen Weltgebildes, für dessen Darstellung sich einstige Vorfahren das Modell einer gigantischen Esche wählten (andere meinen, es sei eine Eibe), der sie den Namen Yggdrasill gaben. Den zentralen Mittelpunkt dieses Entwurfs bildet Midgard, auch Mittelerde genannt, die Welt der Menschen, um die sich alle weiteren Welten ansiedeln. Entlang des Stammes, welcher die zentrale Säule (Irminsul) dieses Weltgefüges bildet, ordnen sich die anderen Welten nun jeweils „über" und „unter" Midgard an. Vermutungen, dass dieses Konstrukt nicht zuletzt auf visionären Imaginationen unter Einnahme pflanzlicher Rauschdrogen beruht, sind anzunehmen. Lange bevor die Naturwissenschaften entstanden, waren es die Schamanen und Hellsichtigen, die in entrückten Zuständen diese Anderswelten bereisten und mit ihren dementsprechenden Eindrücken versahen, die sie von dort mitbrachten.

1
2
3
4
5
6
7
8
9
YGGDRASILL

Die neun Welten

Dass es sich hierbei, wie bei jedem abstrakten Modell, lediglich um eine Schematisierung handelt, braucht wohl nicht weiter erwähnt zu werden. Man stellte sich die Welt noch als eine Art Scheibe vor, auf der sich das Wirken der Götter in der Regel oberhalb der Erdoberfläche und das der Gegengötter, Zwerge und Riesen unterhalb der Erde offenbarte.

Hier folgt nun eine Beschreibung und Interpretierung der neun Welten unter Zuhilfenahme einer esoterischen und psychologischen Sichtweise.

1. **Asgard:** Sitz der Götter und Göttinnen, auch Asen genannt, deren geistige Kraft das gesamte Universum durchpulst. Verkörperung des höheren Selbst. Reich des höheren Bewusstseins und transzendenter Spiritualität. Asgards Wächter ist der Gott Heimdall. Herrscher ist der Göttervater Odin.

2. **Lichtelfenheim:** Sitz der luftigen und höheren Elementarwesen, deren Lichtimpulse geistige Weiterentwicklung ermöglichen. Reich der Schönheit, des Denkens, der Logik und des rationalen Gedächtnisses. Herrscher ist der Fruchtbarkeitsgott Freyr.

3. **Muspelheim:** Die Welt der Hitze, der Lava und fliegenden Feuerfunken. Reich der Ausdehnung, der Begierden und des Bedürfnisses, Dinge willentlich in die Tat umzusetzen. Hier wohnen die Feuerriesen, und ihr Wächter und Herrscher ist Surt, der Schwarze.

4. **Wanaheim:** Wohnsitz der Wanen, den Naturgöttern der Fruchtbarkeit. Welt des Organischen, der wachsenden, gedeihenden, fließenden und verschmelzenden Naturkräfte und Elementarwesen. Ort der Gefühle und natürlichen Intuition. Herrscher ist der Gott Njörd, Vater des Freyr und der Freyja.

5. **Midgard:** Die Welt der Mitte und der Menschen, umgeben von einer Art Bergkette, deren Verschanzung Schutz gegen dämonische Einflüsse garantiert. Zum Einen die materielle Manifestation der Erde und alles Stofflichen, auf mikrokosmischer Ebene der menschliche Körper selbst, der von hier aus Zugang zu allen anderen Welten hat, diese aber nur auf astraler oder imaginärer Ebene bereisen kann.

6. **Swartalfheim:** Die Welt der Unterirdischen und Zwerge, die über die gestaltgebenden Bildekräfte der Mineralien verfügen. Ebenso aber auch niederer Empfindungen wie Geiz, Neid, Lüge und Habgier, welche einen ohne entsprechende Führung immer tiefer in die Reiche der Materie verstricken.

7. **Niflheim:** Die Welt der Gletscher, des ewigen Eises und der dunklen zusammenziehenden Kräfte, von einer undurchdringlichen Nebelsuppe umgeben. Brutstätte der immerwährenden Zweifel, nicht greifbarer Ängste und jener Energien, die alles einzufrieren drohen. Ort der Täuschung, der verdrängten und abgespaltenen Anteile im Unbewussten. Hier haust der mächtige Nidhögg-Drache, der in die Wurzeln des Baumes beständig sein Gift hineinspritzt.

8. **Jötunheim:** Reich der Riesen und Widerstände, das sich in ständiger Bewegung befindet. Die rohen und zerstörerischen Kräfte der Natur, welche der Evolution und allem Schöpferischen entgegenwirken, für dessen Weiterentwicklung aber unerlässlich sind. Urahn aller Riesen ist Ymir. Wächter von Riesenheim ist Gymir, Vater der Gerda.

9. **Hel:** Welt der Toten. Ort der ewigen Ruhe und Trägheit. Der destruktive, morbide, verschlingende und zersetzende Aspekt der Natur, der sich am Tod ebenso erfreut wie am Leben und dadurch erst dessen Voraussetzungen schafft. Herrscherin ist die Unterweltgöttin Hel, die dem Todesaspekt der Himmelsgöttin Frigg entspricht.

Haupt- und Nebengötter

Eine genaue Anzahl der fest zu bestimmenden Götter lässt sich ebenso wenig festlegen, wie eine eindeutige Hierarchie innerhalb des germanischen Pantheons. Dennoch erhebt sich Odin, der Göttervater, in väterlicher Würde über alle übrigen Gestalten, die schicksalsweisende Himmelsmutter Frigg thront an seiner Seite. Ähnlich wie in der Antike, können einzelne Eigenschaften der übrigen Götter als Emanationen und abgeleitete Personifikationen dieses einen Götterpaares angesehen werden. Selbst Tyr (Ziu oder Tiv), der einstige indogermanische Himmelsgott, ist hinter dem neuen Herrscher zurückgetreten und wird verschiedentlich als dessen „Sohn" bezeichnet. Im Allgemeinen pflegt die mythische Anschauung der Götter nicht über zwei (selten drei) Generationen hinauszugehen. Neben den wichtigsten Söhnen Odins (Töchter scheinen die Walküren) treten Gestalten auf, über deren Herkunft sich nur mutmaßen lässt und die höchstwahrscheinlich aus älteren Kulten übernommen wurden. Bevor wir uns also aufmachen, die Profile der Haupt- und Nebengötter zu erkunden, gilt es zunächst, deren Herkunftswurzeln zu unterscheiden, die sich in zwei wesentliche Gruppen klassifizieren lassen.

Am Anfang standen die Riesen, die als älteste Lebewesen dieser Erde lange Zeit als die eigentlichen Urgötter in der Natur verehrt und gefürchtet wurden. Die ersten Götter die aus dieser animistischen Weltanschauung hervortraten, waren die Wanen. Der Beginn ihrer kultischen Verehrung wird in einem Zeitraum vermutet, als die ersten Sammler und Jäger damit begannen, den Boden zu bewirtschaften auf dem sie lebten. Die Wanen wurden auch als die „Glänzenden" oder „Seegötter" bezeichnet und waren in erster Linie Fruchtbarkeitsgötter, die von den Menschen um gute Ernte, günstiges Wetter und reichen Ertrag, Fischfang oder die Jagd angerufen wurden. Diese Götter beherrschten die Kunst schamanischer Praktiken und standen loyal zur Geschwisterehe, einer Sitte, die von dem neuen Göttergeschlecht der Asen als schändlich erachtet wurde. Der wesentlichste Unterschied zwischen Asen und Wanen, deren Bräuche noch alte, mutterrechtliche Verhältnisse vermuten lassen, wird in erster Linie auf die soziale Schichtung der Menschen zurückgeführt. Die Asen traten irgendwann als herrschende Kriegerklasse hervor, die es gewohnt waren, sich zu nehmen, was sie als lohnenswert empfanden. Odin, als ihr oberster Anführer, entfachte den ersten Krieg zwischen beiden Völkern. Nachdem dieser Krieg keinen eindeutigen Sieger hervorbrachte, entschloss man sich zu einem Waffenstillstand. Im Verlaufe der Befriedung traten einige der wanischen Gottheiten zu den Asen über, was auf eine Vermischung beider Kulturen hinweist, über welche die Asen schließlich die Vorherrschaft übernahmen.

Die mögliche Einteilung in Haupt- und Nebengötter richtet sich demnach nicht nach dem Alter der jeweiligen Gottheit, sondern beschreibt lediglich die „Aktualität" deren kultischer Verehrung. Die Häufigkeit und Wertschätzung der Opferung entschied über die Macht der Gottheit, deren Stellung im Verlauf der Jahrhunderte etwas ab- oder zunehmen konnte oder gänzlich in Vergessenheit geriet. Dass Odin als Hauptgott der führenden Adelsstände den meisten Einfluss und Machtanspruch besaß, wird verständlich. Sein Sohn Thor hingegen genoss das Wohlwollen der bäuerlichen Bevölkerung, die dessen raue und derbe Art schätzte. Dass die weiblichen Gottheiten auf den ersten Blick nur eine untergeordnete Rolle zu spielen scheinen, erklärt sich aus der spärlichen Anzahl der erhaltenen Schriften, in denen vorwiegend männliches Heldentum zu Tage tritt und auch die Kirche ihren zensierenden und frauenfeindlichen Einfluss geltend machte. Wer hingegen einen zweiten Blick riskiert, wird bald bemerken, dass es nicht selten die Göttinnen und weisen Frauen sind, die es verstehen, im Hintergrund ihre Fäden zu ziehen und ihr altes Wissen Göttern und Helden zur Verfügung stellen.

So darf die nun folgende numerologische Auflistung letztendlich nicht als Rangliste erachtet werden, sondern vielmehr als einen Versuch, dieser „Großfamilie" eine ordnende Struktur zu verleihen.

Odin

1. Odin, der Allvater

Odin, Wotan oder Wodan ist der oberste aller Asen, genannt der Allvater. Er ist der Sohn eines Riesenpaares und seine Brüder sind die Götter Wili und We. Der Göttervater weilt in Asgard im Saal Walaskjalf, wo sich sein Hochsitz Hlidskjalf befindet, von dem aus er über alle neun Welten blicken kann. Seine Gattin ist die Göttin **Frigg**, mit der er die Söhne **Balder**, Hermod, **Bragi** und **Hödur** hat. Mit folgenden Riesinnen zeugt er weitere Söhne: mit Jörd (**Fjörgyn**) den **Thor**, mit Rind den **Vali**, mit Grid den **Widar** und mit **Rans** Töchtern den **Heimdall**. Namen von Odins Töchtern sind nicht überliefert, doch werden diese allgemein in den **Walküren** angenommen. Begleitet wird er gelegentlich von seinen beiden Raben **Hugin** und **Munin** und zwei großen Wölfen, mit Namen Geri (der Gierige) und Freki (der Heißhungrige). Odin bedarf keiner Kost, stattdessen füttert er seine Wölfe mit dem ihm zustehenden Fleisch. Er selbst lebt alleine vom Wein und dem ekstatischen Skaldenmet **Odrörir**. Täglich genießt er, wie alle Götter, einen der goldenen Äpfel der Göttin **Iduna**, welche ewige Jugend und Erneuerung schenken. Er führt den Kriegsger **Gungnir** und besitzt den Wunschring **Draupnir**, der ihm beständigen Reichtum sichert.

Odin ist Schöpfer-, Toten- und Kriegsgott, Zauberer und Schamane, Gott der Ekstase, Weisheit und Dichtkunst. Als Schamane reitet er auf seinem achtbeinigen Pferd **Sleipnir** durch die Lüfte. Als durch die Welt ziehender Wanderer, mit Schlapphut und Wanderstab versehen, verhüllt er sich meist in einem dunkelblauen Mantel. Unter den verschiedensten Decknamen (es sind über 100 bekannt!) kehrt der Gott bei Riesen, Zwergen und Menschen ein, um sich deren Wissen zu erwerben, sein eigenes weiterzugeben oder seine Günstlinge zu prüfen (s. **Grimnir**). Um sich Weisheit anzueignen, erbringt er selbst hohe Opfer (s. **Mimir** und **Hangatyr**) und setzt zuweilen auch List und Lüge ein, um an seine Ziele zu gelangen (s. **Swafnir**).

Snorri schildert Odins Wesen als klug, weise und gelehrt. Er spräche nur in Versmaßen und sei so vornehm und schön anzuschauen, dass allen das Herz darüber lache. Doch wenn er im Krieg sei, erscheine er seinen Feinden grimmig und das habe darin seinen Grund, dass er Gestalt und Aussehen ganz nach Belieben zu wechseln vermöge. Er verfüge über die Macht, seine Feinde mit Blindheit, Taubsein und Schrecken zu erfüllen und deren Waffen stumpf zu machen. Seine Leute aber gingen wie **Berserker** unter die Feinde. Odin fordert Opfer, die ihm mit dem Speerwurf oder durch Aufhängen geweiht werden. Doch nicht niederes Volk, sondern nur die Mutigsten und Edelsten, deren Herrscherhäuser ihre Herkunft meist direkt auf ihn zurückführen, nimmt er auf nach Asgard. Doch offenbart er sich unter ihnen nicht im Glanze seiner Göttlichkeit, sondern meist in unscheinbarer Gestalt, wo er mit Rat und Tat zu Sieg und Ruhm verhilft. Am Ende seiner Gunst verursacht er jedoch selbst deren blutigen Untergang und holt die einstigen Schützlinge heim in seine Kriegerhalle, um dadurch seine Heerbestände für die bevorstehenden **Ragnarök** aufzufüllen. Als diese nahen, reitet Odin an der Spitze dem Feind entgegen, um im Kampf von dem mächtigen Fenrir-Wolf verschlungen zu werden.

Zeigt Odin sich im Norden vorwiegend als herrschender Göttervater, tritt er sonst gewöhnlich als Sturmgott auf, der über die entfesselten Elemente waltet und im rauschenden Wind den befruchtenden Geist der Weltenweisheit mit sich führt. Die Römer setzten Wodan mit ihrem Gott Mercurius gleich, dem sie den Wochentag Mittwoch (Wednesday) zuordneten. Ortsbezeichnungen wie Wodensweg, Wodenfeld, usw. sind vor allem in Niederdeutschland und England noch verbreitet.

Frigg

2. Frigg, die Göttermutter

Frigg ist die oberste der Asinnen und die Gemahlin **Odins**. Dieser befragt sie des Öfteren um Rat, da sie die Schicksale aller Menschen und Götter kennt. Dennoch spricht die Göttin keine Weissagungen über zukünftige Ereignisse aus, da Schweigsamkeit ihr oberstes Gebot ist. Sie ist die Tochter Fjörgynns, der zwar als Vater angegeben wird, wahrscheinlicher aber mit der Erdgöttin **Fjörgyn** identisch ist. Friggs Wohnsitz in Asgard ist Fensalir (Meeres- oder Sumpfsaal). Ihre nächsten Dienerinnen sind die Zofe Fulla (Fülle), die mit offenen Haaren geht und sich um ihre Garderobe und Geschmeide kümmert, und Gna, eine Jungfrau, die sie mit ihren Botschaften an die verschiedensten Orte schickt, welche diese auf ihrem schnellen Ross Hofwarpnir (Hufwerfer) umgehend überbringt. Als Herrin des Hauses obliegt Frigg die häusliche Schlüsselgewalt. Die Übergabe des Hausschlüssels war in manchen Stämmen wichtiger Bestandteil des Hochzeitrituals. Wurde die Ehe geschieden, gab die Frau ihn zurück. Der Göttin heiliger Gegenstand ist der Spinnrocken, in dem ihre magische Tätigkeit verborgen liegt, da sie im Drehen des Fadens die Schicksale aller Lebewesen erblickt. Lediglich die Sorge um ihren Sohn **Balder** lassen sie einmal ihr Schweigegelübde brechen, was sich jedoch auf grausame Weise rächt, da ihre Bemühungen, den vorausgeahnten Tod ihres Sohnes zu verhindern, überhaupt erst zu dessen Ermordung führen.

Friggs Ursprung als Göttermutter geht auf den alten Namen Frija zurück, unter dem sie ursprünglich dem alten Himmelsgott Tiuz (s. **Tyr**) zur Seite stand, der irgendwann von Odin abgelöst wurde und nun dessen Gattin „übernahm". So gingen aus Frija später vermutlich auch die beiden anderen Göttinnen **Freyja** und **Hel** hervor. Während Frigg nun die häusliche Gewalt oblag, war Freyja für die ungebundene Liebe und Hel für den Todesaspekt zuständig. In der Göttin Holda (hold = lieb), besser bekannt als Frau Holle oder Frau Freke, findet sich hingegen wieder ein ganzheitlicheres Bild der Göttin, die als liebenswerte aber auch strenge Frau die fleißigen und aufrechten Menschen beschenkte und die missratenen zur Rechenschaft zog.

Öfters tauchen Frigg und Odin als göttliches Ehepaar auf, welches bei Auseinandersetzungen zwischen menschlichen Königen die jeweiligen Parteien vertritt und nun zu Mitteln wie List und Trug greifen, um die Absichten ihrer persönlichen Günstlinge durchzubringen. Bei diesen Ehestreitigkeiten geht Frigg mehrere Male als Siegerin hervor.

In seinen Zankreden wirft **Loki** der Göttin vor, in Odins Abwesenheit diesen mit seinen beiden Brüdern Wili und We betrogen zu haben. Diese Anschuldigung verweist auf den Mythos von Odins Verbannung, nachdem dieser die Rind geschwängert hatte (s. **Ullr**). In einer Sage Saxos heißt es hingegen, Odin trat seine Verbannung selbst an, nachdem seine eifersüchtige Gattin aus Wut eine goldene Statue von ihm zerstört und sich einem ihrer Diener hingegeben hatte.

Ebenso wie bei Freyja wird der Freitag als Friggs persönlicher Wochentag angesehen. Mit Freyja teilt sie sich auch den goldenen Halsbandschmuck Brisingamen und ist wie diese im Besitz eines Falkenfederkleides. Ihr heiliges Tier ist der Reiher, der gleich dem Storch als Sinnbild für Häuslichkeit und deren Bewahrer gilt. „Friggjargras" heißt eine Pflanze auf Island, die man dem Partner unters Kopfkissen legen soll, um dessen Liebesverlangen wieder zu entfachen und sich seiner Treue zu versichern.

Thor

3. Thor, der Donnerer

Thor oder auch Donar (im Deutschen) ist der erste Sohn **Odins** und der stärkste und größte unter den Asen. Er ist der wichtigste Beschützer Asgards und Midgards im Kampf gegen die zerstörenden Kräfte der Riesen. Seine Mutter ist die Riesin Jörd (**Fjörgyn**). Er ist somit der erste Sohn der Erdgöttin, den diese mit einem Gott zeugte. Thor gebietet über Blitz und Donner. Wenn ein Blitzschlag die Erde erzittern ließ und der Donner durch die Wolken rollte, schleuderte Thor seinen Hammer und polterte mit seinem Wagen übers Firmament. Sein Wesen ist hitzig, aufbrausend, willensstark und bisweilen auch etwas einfältig. Er gerät leicht in Zorn, greift zu seinem Hammer und schlägt drein, unberechenbar wie die Elemente selbst. Er hat einen klaren, stechenden Blick und ist als großer Esser und Trinker bekannt. Seine beiden Haupteigenschaften gehen aus den Namen seiner beiden Söhne Magni (Kraft) und Modi (Zorn) hervor, die er mit der Riesin Jarnsaxa zeugt. Thors wertvollste Waffe ist der Hammer Mjölnir, der von den beiden Zwergen **Sindri** und **Brokk** geschmiedet wurde und die Eigenschaft besitzt, nach dem Wurf von selbst in die Hand seines Besitzers zurückzukehren. Weiter verfügt Thor über ein paar eiserne Handschuhe und den Kraftgürtel Meginjardar, der ihn seine Kräfte verdoppeln lässt. Sein Wohnsitz in Asgard liegt in Thrudheim (Kraftheim), darin steht der vielräumige Saal Bilskirnir (der hell Blitzende). Seine Gattin ist die Korngöttin **Sif** mit dem goldenen Haar, mit der er die beiden Kinder Thrud und Lorride hat. Thors Diener sind die Menschenkinder **Thjalfi** und **Röskwa**, die wegen einem Vergehen einst in seine Dienste traten.

Wegen seinem Gefährt, das von zwei Böcken mit den Namen Tanngrisnir (Zähnefletscher) und Tanngnjöstr (Zähneknirscher) gezogen wird, nennt man ihn auch „Wagen-Thor". Wenn er ohne dieses unterwegs ist, geht er zu Fuß, niemals reitet er. Das deutet auf seine Nähe zur gewöhnlichen Landbevölkerung hin, die ihn seiner Stärke wegen und des für die Ernte benötigten Regens verehrte.

Die Edda enthält zahlreiche Sagen um Thor, der auf seinen langen Wanderungen allerhand Abenteuer zu bestehen hat, die zuweilen auch Anlass zum Schmunzeln geben. Meist zieht es den Gott nach Jötunheim, dem Land der Riesen, von denen er schon manchen auf dem Gewissen hat. So besiegt er die Riesen **Hrungnir**, Geirröd, Thrym und Hymir. Den Zwerg Alwis überwindet er mit einer List, als dieser versucht, seine Tochter fortzuführen, und kämpft weiter gegen Zauberer, Trolle und Berserkerweiber. Sein größter Widersacher jedoch ist die Midgardschlange **Jörmungand**, auf die er in den **Ragnarök** zum wiederholten und letzten Male trifft. Nachdem er diese endgültig besiegt hat, kann er noch neun Schritte tun, bevor auch er, vom Gift der Schlange tödlich verwundet, zusammenbricht. Nach seinem Tode werden seine beiden Söhne die Aufgaben des Vaters im neuen **goldenen Zeitalter** weiterführen.

Der Wochentagsname Donnerstag wird dem Gott zugesprochen und war im deutschen Volksglauben bis ins 17. Jh. ein beliebter Hochzeitstag, an dem man als Symbol der Zeugungskraft und Fruchtbarkeit der Braut gelegentlich einen Hammer in den Schoß legte, um einen reichen Kindersegen zu gewährleisten.

Freyja

4. Freyja, die Liebesgöttin

Freyja, die wanische Göttin der Liebe, ist nach **Frigg** die angesehenste unter den Göttinnen. Sie verfügt über mehrere Aufgabengebiete und eine ganze Anzahl magischer Fähigkeiten. Ihr Name bedeutet „Frau" oder „Herrin". **Freyr** (Herr) heißt ihr Bruder, der gleichzeitig auch ihr Geliebter ist. Später heiratet Freyja einen Mann namens Odur, der etymologisch auf **Odin** hinweist. Über diese Verbindung ist lediglich bekannt, dass Odur zumeist abwesend war und als Wanderer durch die Welt zog. Die Göttin weinte aus Sehnsucht goldene Tränen um ihn, weshalb sie den Beinamen „tränenschöne Göttin" bekam. Die gemeinsame Tochter der beiden ist Hnoss (Kleinod/Schmuckstück). Mehrfach tritt die Göttin mit Tieren auf. Sie reitet auf dem Eber Hildeswin, und zur Bestattung des toten **Balders** fährt sie auf einem Wagen, der von zwei Katzen gezogen wird. Des Weiteren besitzt sie ein Gewand aus Falkenfedern, das ihr die schamanische Kraft des „Fliegens" verleiht und von **Loki** des Öfteren ausgeliehen wird.

In einer anderen Form begegnet uns Freyja als Kriegerin und Heerführerin. Ihre persönliche Halle trägt den Namen Sessrumnir (der Sitzreiche). Ihr Wohnsitz heißt Folkwang (Feld des Volkes/Heeres) und wenn sie als Walfreyja in die Schlacht zieht, bekommt sie als oberste der **Walküren** die Hälfte aller Gefallenen zugesprochen, während Odin die andere Hälfte zufällt. Freyjas dritte große und wichtige Charaktereigenschaft ist ihre Gestalt als Seidkundige Zauberin (s. **Gullweig**). Mehrmals wird Freyja von den Riesen begehrt, die immer wieder die Asen zu erpressen suchen, um die Liebesgöttin für sich zu gewinnen. Nicht zu Unrecht gerät sie zuweilen in fürchterlichen Zorn, wenn die Götter über ihren Kopf hinweg meinen, bestimmen zu müssen, wem sie als Pfand, Gegenwert oder Geschenk auszuhändigen sei. Von Loki und der Riesin **Hyndla** wird sie hingegen als mannstoll beschimpft, da schon viele der Wanen, Asen und Alben sich ihrer Liebesgunst erfreuen durften. Vier Zwerge fertigen ihr den Halsschmuck Brisingamen an, der ihr den Namen Menglöd (die Halsbandfrohe) einbringt. Als Belohnung hierfür verbringt Freyja mit den Zwergen eine Liebesnacht. In einer anderen Geschichte wird dieser Schmuck von Loki gestohlen, aber von dem Gott **Heimdall** erfolgreich zurückgebracht. Als **Gullweig** (Goldglänzende) kommt sie zu den Asen, um diese angeblich zu verführen, worauf man sie wegen ihrer Kräfte dreimal vergeblich zu verbrennen sucht. Später nennt sie sich Heidh (die Leuchtende) und lehrt Odin die Kunst der Seidmagie, die aus verschiedenen Formen schamanischer Praktiken besteht.

Eine Ursache dafür, dass viel von dem Wissen über den erotischen und sinnlichen Charakter Freyjas verloren ging, waren wohl die christlichen Missionare, die akribisch darauf bedacht waren, den heidnischen Kult und Glauben um diese „mannstolle Hexe" besonders gründlich auszumerzen. Trotzdem wurden einige ihrer Eigenschaften über die Jahrhunderte in alten Sagen und romantischen Liedern der Skalden und Troubadoure erhalten, die sie noch lange Zeit um Inspiration für Liebesoden anriefen. Der Freitag wurde nach ihr benannt, gilt als ihr heiliger Tag und wird auch heute noch von vielen jungen Paaren als Hochzeitstag ausgewählt.

Freyr

5. Freyr, der Herr

Freyr ist der wanische Gott der Fruchtbarkeit, des Wachstums und des gedeihenden Friedens. Er ist der Bruder und erste Geliebte der Liebesgöttin **Freyja** und Sohn des Wanengottes **Njörd**. Seine Mutter ist Nerthus, die wiederum mit **Fjörgyn**, der Erdmutter selbst, identisch ist. Freyrs Welt ist Alfheim, die Heimat der Lichtelfen und höheren Elementargeister, durch deren Tanzreigen sogenannte „Feenkreise" oder „Hexenringe" entstehen. An diesen Plätzen sprießen die Pilze, und ihr Zentrum gilt als Astraltor zur Anderswelt. Sein Geweih und das leuchtende Schwert in seiner Rechten sind die Attribute seiner männlichen Zeugungskraft, welche jedoch am deutlichsten durch seinen erigierten Penis zum Ausdruck kommt.

Freyr wird als vornehmster unter den Göttern beschrieben und regiert über Regen und Sonnenschein. Des Gottes Reittier ist der leuchtende Eber Gullinbursti (der Goldborstige), den er als und Geschenk von den beiden Zwergen **Sindri** und **Brokk** erhielt. Weiter besitzt der Wanengott das vortreffliche Schiff Skidblatnir, das ebenfalls von Zwergen gefertigt wurde. Es heißt, es sei so groß, das alle Götter in voller Rüstung Platz darin fänden und es immer günstigen Fahrtwind bekomme. Wird es nicht benötigt, kann es wie ein Tuch zusammengefaltet werden und bequem in einer Tasche Platz finden.

In der Edda verliebt sich der Fruchtbarkeitsgott unsterblich in die schöne Riesin **Gerda**, nachdem er zuvor unerlaubt auf **Odins** Hochsitz Platz genommen und diese von dort aus erschaut hatte. Daraufhin begibt sich sein Freund **Skirnir**, ausgestattet mit Freyrs selbstkämpfendem Schwert, nach Thrymheim, um für seinen Herrn um Gerdas Hand anzuhalten. Um sein Ziel zu erreichen, willigt Skirnir am Ende ein, dem Brautvater dies Schwert zu überlassen. Neun Tage darauf darf Freyr seine Geliebte in dem Wäldchen Barri (Knospenaue) endlich in die Arme schließen. Parallel dazu erfahren wir, dass Freyr, der nun sein Schwert entbehren muss, gegen einen Riesen Namens Beli (Brüller) kämpft, der vermutlich ein Bruder der Gerda ist und versucht, deren Eroberung zu verhindern. Doch der Naturgott tötet ihn mit seinem Hirschgeweih und verbildlicht so vortrefflich die Zweikämpfe von Wildtieren während der Brunftzeit.

In den **Ragnarök** kämpft Freyr schließlich gegen den übermächtigen Feuerriesen **Surt** und muss vergehen. Das Schwert des Vegetationsgottes (die Zeugungskraft der Natur) wurde den Riesen (Gegenkräften) geopfert, um Gerda (die Erde) befruchten zu dürfen. Am Ende muss die Natur nun dem alles verschlingenden und erneuernden Feuer weichen.

Freyrs Name bedeutet soviel wie „Herr" und ist mehr Titel als Name. Der eigentliche Name des Gottes, Ing, findet sich in einem alten Vers zur 22. Rune Ingwaz. Die mit Freyr in Verbindung stehenden Fruchtbarkeitskulte erfahren ihren Höhepunkt im „Hohe Maien Fest" (Walpurgisnacht, Beltane), wo die heilige Vereinigung zwischen dem Gehörnten und der Göttin gefeiert wird. Dieser rituelle Geschlechtsakt wurde häufig von Priestern, aber auch dem gewöhnlichen Landvolk in der Nacht zum 1. Mai auf Äckern und in Wäldern vollzogen, und es hieß, dass die in jener Nacht gezeugten Kinder vom Glück des Feenreiches bedacht seien, was die Kirche freilich anders sah.

Balder

6. Balder, der Lichtgott

Balder, auch Baldur genannt, ist der älteste Sohn **Odins** und der **Frigg**. Er ist der Inbegriff alles Guten und erklärter Feind jeden Unrechts. Snorri berichtet über ihn, dass er nach **Thor** der zweite Sohn des Göttervaters ist und als einer der bedeutsamsten Asen gilt. So gibt es von Balder nur Gutes zu vermelden, alle loben ihn und er soll der Beste, Schönste und Hellste unter ihnen sein. Mit seiner Frau Nanna (die Kühne) wohnt er in Breidablik (dem weithin Blickenden), einem lichten Ort an dem allezeit Frieden herrscht. Mit seiner Gattin hat er den Sohn **Forseti**, der schon wie sein Vater als weiser Richter bei Göttern und Menschen gilt. Balder ist nach seinem Ableben für eine Zeitlang der Besitzer des Ringes **Draupnir**, den er von Odin erhält. Nachdem sich die **Ragnarök** vollzogen haben, kehrt Balder aus dem Totenreich zurück, versöhnt sich mit seinem Bruder Hödur, und beide leben Seite an Seite im neuen **goldenen Zeitalter**.

Die Mythen um Balder nehmen in der Edda einen umfangreichen Platz ein. Vor allem seine Ermordung kennzeichnet den zentralen Höhepunkt im Dasein der Asen, da sein Ableben in Folge die Ragnarök auslöst. Die Geschichte beginnt, als Balder schwere Träume plagen, die ihm seinen baldigen Tod prophezeien. Er berichtet den anderen Göttern davon, worauf diese zu Rate sitzen, um Gegenmaßnahmen zu ergreifen. Seine Mutter Frigg lässt schließlich alle Dinge auf Erden Eide schwören, auf dass ihr Sohn fortan keinen Schaden mehr nehmen kann. Als dies getan ist, probieren die Asen auf ihrem nächsten Fest an Balder ihre Waffen aus. Da ihn fortan nichts verwunden kann, scheint dies allen als großer Gewinn. Solange, bis **Loki** den blinden **Hödur** dazu überredet, mit einem angespitzten Mistelspeer nach Balder zu werfen, der einzigen Pflanze, die ihn noch verletzten kann. Es kommt, wie es kommen muss, und Balder stirbt. Darauf wird Balder unter allgemeinem Wehklagen auf seinem Schiff Hringthorni beigesetzt und dem Meer übergeben. Seine vor Kummer gestorbene Gattin legt man neben ihn auf den Scheiterhaufen. Obwohl die Götter alles daran setzen, den verstorbenen Lichtgott aus dem Totenreich wieder auszulösen, müssen sie zuletzt an der mitleidslosen Riesin **Thökk** scheitern, die eine Rückkehr Balders verhindert.

Balders Tod und Wiederauferstehung wird allgemein als Umschreibung für die natürlichen Stirb- und Werdezyklen des Sonnen- und Vegitationsgottes angesehen. Zur Sommersonnenwende steht das Gestirn in seinem höchsten Zenit, der Gott stirbt und die Tage werden wieder kürzer. Das Christentum ersetzte Balder später durch den heiligen Johannes, nach dem auch der Begriff „Johannisfeuer" geprägt wurde, das drei Tage nach Balders Tod stattfindet und an seine Verbrennung gemahnen soll.

In Deutschland tauchte ein lang verschollenes Schriftstück wieder auf, das bezeugen soll, dass der Gott hierzulande unter dem Namen Phol bekannt war. In diesem Merseburger Zauberspruch reitet Phol mit seinem Vater Wodan durch den Wald. Als sich Phols Fohlen den Knöchel vertritt, ist einzig der Göttervater imstande, dieses zu heilen, nachdem sich zuvor verschiedene Göttinnen vergeblich des kranken Pferdehufs angenommen haben.

Loki

7. Loki, der Widersacher

Loki ist die zwielichtigste, zugleich aber auch interessanteste Gestalt des germanischen Götterpantheon. Man sagt von ihm er, sei sehr schön von Ansehen, doch wankelmütig und böse von Gemütsart und äußerst mannigfaltig im Auftreten. Sein Vater ist der Riese Farbauti (der gefährlich Schlagende), der wahlweise als Sturmwind oder Kugelblitz gedeutet wird. Seine Mutter, ebenfalls eine Riesin, nennt sich Laufey, was soviel wie „Laubinsel" bedeutet. Des Gottes feuriges Wesen ergibt sich aus dieser Verbindung, denn schlägt der Sturmwind durch Blitz und Funken die flammende Lohe, gerät das trockene Laub in Brand und Loki wird geboren. Naturmythologisch versinnbildlicht Loki die brodelnde Lava im Inneren der Erde und das alles vernichtende Feuer, das aber gleichzeitig den Humus und die Erde für etwas Neues hervorbringt. Seine Gattin ist Sigyn, mit der er die zwei Söhne Ali und Narfi hat. Mit der Riesin Angrboda (Sorgenbringerin) zeugt er die drei Unheilkinder **Hel**, **Fenrir** und die gewaltige **Jörmungand**schlange. Als Vater dieser Geschöpfe wird ersichtlich, welchen Stellenwert der Gott im Pantheon einnimmt, denn wann immer sich die Gelegenheit bietet, die Grundpfeiler der bestehenden Weltordnung zum Schwanken zu bringen, ist Loki zur Stelle. Der durch ihn verursachte Mord an Balder löst schließlich die **Ragnarök** aus, wodurch Loki zum Weltzerstörer und Beschließer (Luka = schließen) wird, der den Untergang der gesamten alten Welt herbeiführt. Dort töten sich Loki und sein alter Widersacher **Heimdall** gegenseitig.

Obgleich bis heute keine direkte kultische Verehrung Lokis nachgewiesen werden konnte, existieren über ihn nach **Odin** und **Thor** die meisten Sagen und Lieder. Als Bösewicht tritt er z.B. beim Raub der **Iduna** und ihrer lebensverjüngenden Äpfeln auf, woraufhin die Asen alle zu altern beginnen. Thors Gattin **Sif** schneidet er im Schlaf die Haare ab, stiehlt der Liebesgöttin **Freyja** ihren Halsschmuck, liefert Thor an die Riesen aus und vollbringt noch genügend weitere Schandtaten, die ihm zu zweifelhaftem Ruhm gereichen. In der Wölsungensage spielt er eine entscheidende Rolle beim Raub des **Rheingoldes**, das er dem Zwerg **Andwari** entwendet, der darauf den Schatz verflucht und hierdurch enormes Leid und Unglück über viele Menschen bringt.

Doch wenngleich als größter Feind und Widersacher der Götter beschimpft, tritt Loki doch ebenso oft als ihr nützlichster Helfer und Verbündeter auf, wenn es darum geht, den Asen Vorteile zu verschaffen. Einmal in Bedrängnis geraten ist er jederzeit gewillt, Ansehen und persönliche Ehre zu opfern, um die eigene Haut zu retten oder neue Ziele zu erreichen. Dabei ist ihm jedes Mittel recht. Einmal verwandelt er sich in eine rossige Stute und lockt so **Swadilfari**, den Arbeitshengst eines Riesenbaumeisters, in den Wald, damit dieser sein Werk nicht fristgerecht beenden kann. Aus dieser Verbindung geht später das Götterpferd **Sleipnir** hervor, welches Loki als Stute gebiert, was zeigt, dass der Gott auch sein Geschlecht nach Belieben zu wechseln vermag. Zwar bringt er die Götter gerne in Verlegenheit, verhilft ihnen aber Dank seiner Listigkeit zu wertvollen Gegenständen und Waffen wie dem Hammer des Thor, Odins Speer **Gungnir** oder dem Ring **Draupnir**. Auch bei der Entstehung des Menschengeschlechtes (s. **Ask** und **Embla**) soll er unter dem Namen Lodur dabei gewesen sein.

In einem alten skandinavischen Volkslied fleht ein Bauer nacheinander die Götter Odin, Hönir und Loki um Beistand vor einem Riesen an. Doch erst Loki vermag aufgrund seiner Verschlagenheit dem Bauern zu wirksamen Schutz verhelfen.

Iduna

8. Iduna, die Verjüngende

Iduna ist die Hüterin der goldenen Äpfel, die in einem immergrünen Garten von Asgard wachsen. Iduna ist das jüngste Kind Iwaldis, einem kunstfertigen Zwerg, aus dessen Geschlecht einige berühmte Kleinode an die Götter hervorgehen. Der Gatte der Frühlingsgöttin ist der Dichter **Bragi**, mit dem sie auf ihrem Wohnsitz Brunnakr (Brunnenacker) lebt. Sie selbst gilt als schüchtern und schweigsam und überlässt das Reden lieber ihrem wortgewandten Ehemann. Es heißt, dort, wo Iduna ihre Füße hinsetzt, sprießen überall zarte Blumenknospen aus dem Boden hervor. Obwohl die Göttin nur selten erwähnt wird und auch über eine kultische Verehrung nichts bekannt ist, spielt sie als Hüterin der Äpfel dennoch eine wichtige Rolle, da die Götter auf ihre Früchte angewiesen sind, ohne deren Genuss sie wie jeder gewöhnliche Sterbliche altern müssen. Deshalb lautet eine Umschreibung für das Obst auch „der Asen Altersgift".

Die Edda schildert den Raub der Göttin durch einen Riesen Namens Thjazi (Vater der **Skadi**). Diesem gelingt es in Adlergestalt den Gott **Loki** zu ergreifen. Durch die Drohung, ihn in die Tiefe fallen zu lassen, nötigt der Riese Loki das Versprechen ab, ihm die Göttin Iduna samt Äpfeln zuzuführen. Der Eingeschüchterte führt darauf die Göttin unter dem Vorwand aus Asgards Garten heraus, er wolle ihr andere Äpfel zeigen, welche so prachtvoll anzuschauen seien, dass nur sie allein über deren Wert entscheiden könne. Zum Vergleich solle sie ihre Äpfel doch gleich mitnehmen. Als die beiden nun an einer ausgemachten Stelle vorbeikommen, stößt der Riesenadler vom Himmel, packt die Göttin samt ihrem Korb und trägt sie in sein Felsennest. Nachdem Iduna verschwunden bleibt, setzt sich bei den Asen unweigerlich der Alterungsprozess in Gang, und man beginnt nachzuforschen, wo sie zuletzt gesehen wurde. Schnell fällt der Verdacht auf Loki, dem die Götter mit Folter und dem Tode drohen, falls er die Göttin nicht unverzüglich zurückhole. So leiht sich Loki **Freyjas** Falkenkleid und fliegt mit diesem zu Thjazis Burg, wo es ihm gelingt, Iduna aufzuspüren. Er verwandelt sie in eine Nuss und trägt sie zurück nach Asgard. Doch der Riese bemerkt die Flucht und verfolgt die beiden in Adlergestalt. Als die Götter die beiden Vögel kommen sehen, errichten sie einen großen Haufen Hobelspäne und zünden diesen nach Lokis Landung an. Das Gefieder des Riesen, der seinen Flug nicht mehr rechtzeitig zu stoppen vermag, fängt darauf Feuer und Thjazi wird von den Asen erschlagen.

Im Volksglauben war die Schwalbe das der Göttin zugeordnete Krafttier, da die alljährliche Wiederkehr der Vögel aus dem Süden als Anzeichen für den auferstehenden Frühling galt. Wenn sie im Dach oder Gemäuer des Wohnhauses nisteten, deutete das auf Kindersegen, Gesundheit und glückliches Eheleben hin. In manchen Gegenden war es auch Brauch, nach der Erntezeit drei Äpfel pro Baum als Dankesgabe an die Göttin hängen zu lassen.

Tyr

9. Tyr, der Kriegsgott

Tyr ist der skandinavische Name für den altgermanischen Kriegs-, Himmels- und Versammlungsgott. Unter den Asen aufgeführt gilt der Gott als Sohn **Odins**, seitdem er für das Leisten eines Schwures eine Hand einbüßte. Seine Heimat ist Asgard und als Wohnstätte wird das Kriegerparadies Walhall (s. **Walküren**) angenommen. „Siegrunen soll man aufs Schwert ritzen und dabei zweimal Tyrs Namen rufen", berichtet uns Snorri, der fortfährt, der Gott sei überaus kühn und mutig, weshalb ihn tapfere Männer um Sieg anrufen würden. Auch Weisheit soll dem Gott zu eigen sein, aber man könne nicht behaupten, sein Anliegen sei es, Frieden zwischen den Menschen zu stiften. Über eine Ehefrau des Gottes finden sich keine genaueren Angaben, doch ist anzunehmen, dass es sich hierbei um die ältere gemeingermanische Göttin Frija handelte, aus der später die Göttin **Frigg** als Gattin Odins hervorging. Es gibt mehrere Beweise dafür, dass Tyr unter dem Namen Ziu, Tiw, Thiuw oder Teiwaz schon wesentlich früher verehrt wurde als Odin, **Thor** oder **Freyr**. Mythenforscher glauben beweisen zu können, dass es sich bei ihm ursprünglich um einen indoeuropäischen Himmelsgott handelte, dessen Funktion vor allem darin bestand, Streitigkeiten und Konflikte zu lösen, entweder durch Kampf (Götterentscheid) oder eine Ratsversammlung (Thing). Auf einem Thing kamen Jarle (Häuptlinge) und freie Stammeskrieger zusammen um Probleme und neue Vorhaben zu diskutieren. Wurden Entscheidungen getroffen, gaben die Männer ihr Einverständnis durch das Klopfen ihrer Schwerter und Speere auf die mitgeführten Schilde zu verstehen. Warum Tyr im Verlauf der Jahrhunderte immer mehr zum Kriegsgott avancierte, mag sich dadurch erklären, dass Kampf, Ruhmesdrang und Beute versprechende Kriegsfahrten immer größeren Stellenwert erlangten.

Aus der Edda erfahren wir folgendes:

Als die Asen den von **Loki** gezeugten **Fenrir**-Wolf bei sich aufziehen, stellen sie schon bald fest, dass dieser immer größer und gefährlicher wird. So versuchen sie das kräftige Tier in Fesseln zu legen, was mehrmals misslingt. Darauf lassen sie von Zwergen eine magische, unzerreißbare Kette schmieden. Damit diese jedoch angelegt werden kann, muss zunächst das Vertrauen des Wolfes gewonnen werden. Einer der Asen soll auf Fenrirs Geheiß den Arm als Pfand in seinen grausigen Rachen stecken. Tyr, der den Wolf zuvor schon aufgezogen hat, erklärt sich schließlich als einziger damit einverstanden. Die neue Kette hält stand, worauf das Tier wütend zuschnappt. Tyr beweist durch sein mutiges Opfer, dass er bereit ist, für die Sicherheit der Götter eine notwendige Lüge mit dem Verlust seiner Hand zu bezahlen, wodurch er den Namen „der Einhändige" erhält.

In einer anderen Geschichte macht sich der Kriegsgott gemeinsam mit Thor auf, um von seinem leiblichen Vater, dem Riesen Hymir, einen gewaltigen Kessel zu borgen, damit die Götter ihren Met darin brauen können. In den **Ragnarök** trifft Tyr schließlich auf den Höllenhund Garm (s. **Hel**), welcher der alten Feindschaft wegen aber wohl eher dem Fenrir-Wolf entspricht. Beide töten sich am Ende gegenseitig.

Heimdall

10. Heimdall, der Wächter

Heimdall ist der Wächter an der Regenbogenbrücke Bifröst, welche die Welt der Menschen mit dem himmlischen Reich der Götter verbindet. Über diese Brücke ziehen die Asen tagtäglich zu ihrem Gerichtsplatz, um sich auf ihrem Thing miteinander zu beraten. Das lodernde Feuer im Brückenbogen hält die Riesen und andere Feinde davon ab, Asgard auf anderem Wege zu erstürmen. Heimdalls Fäuste umklammern das mächtige Schwert Hofud (Menschenhaupt?!) und sein Helm besitzt Öffnungen über den Ohren, mit denen er das Gras auf der Erde wachsen hört. Der Helm wird von den Flügeln eines Falken geziert, dessen scharfer Blick dem Gott zu eigen ist und jede Bewegung schon aus großer Entfernung wahrnimmt. Man sagt von Heimdall, dass er niemals Schlaf benötige, weshalb man ihn einst für dieses vertrauensvolle Amt auswählte. An seiner Seite hängt das mächtige Gjallarhorn, in das er stößt, um die Seinen zu warnen, wann immer Gefahr droht. Heimdall wird neben dem glänzenden **Balder** als der strahlendste aller Götter bezeichnet, weshalb man ihn auch den „weißen Asen" ruft. Erschaffen wurde Heimdall schon früh von **Odin**, der den Gott mit den Töchtern der **Ran**, neun gestaltgewordenen Meereswogen, zeugte. Sein Wohnsitz ist der strahlende Palast Himinbjörg.

Ein norwegischer Dichter erzählt die Geschichte, wie Heimdall unter dem Namen Rig nach Midgard zu den Menschen wandert und dort nacheinander bei drei verschiedenen Ehepaaren einkehrt, um mit jeder der Frauen Kinder zu zeugen. Als diese heranwachsen, sind schon bald große Unterschiede zwischen ihnen in Wuchs und Gescheitheit auszumachen, weshalb man sie in Knechte, Bauern und Jarle (Adelige, Häuptlinge) einstuft. So wird Heimdall zum Begründer der drei Stände, weshalb die Menschen auch als „Heimdallsöhne" oder „Heimdalls hohe und niedere Kinder" bezeichnet werden. Weiter soll der Gott seine Kinder auch den Gebrauch der Runen gelehrt haben.

Eine andere Geschichte berichtet, wie der Gott sich für den leuchtenden Schmuck Brisingamen einsetzt, der seiner Besitzerin **Freyja** zuvor von **Loki** entwendet wurde. Als die Gegner aufeinander treffen, nehmen beide die Gestalt von Robben an und liefern sich an der Küste einen harten Zweikampf um das Halsgeschmeide, aus dem Heimdall schließlich als Sieger hervorgeht.

Seine Bestimmung erfährt der Gott jedoch, als sein Hornruf die Asen vor den herannahenden Riesen warnt und hierdurch schließlich die **Ragnarök** ankündigt. Die Riesen vereinigen sich mit den Horden der Finsternis (s. **Naglfar**) und ziehen gen Asgard. Als die Schar über die Bifröstbrücke stürmt, gerät diese gewaltig ins Schwanken und stürzt schließlich ein. Sein Ende findet der Gott, als er in der letzten großen Schlacht auf seinen Erzfeind Loki trifft, wo sich beide gegenseitig töten.

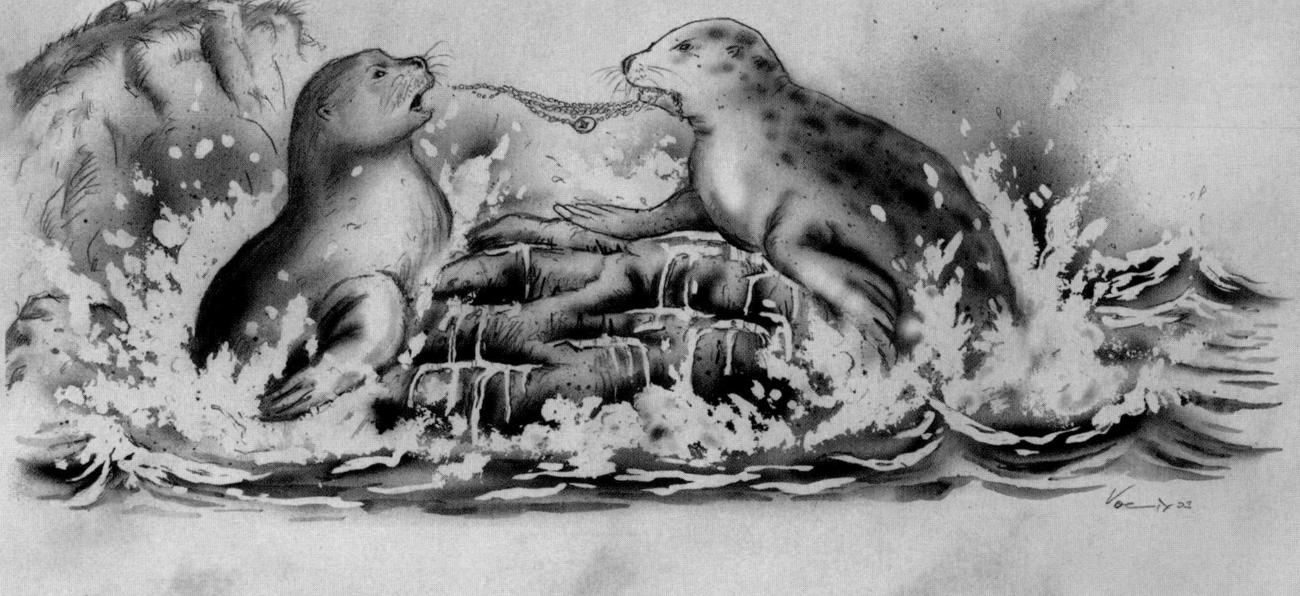

Fjörgyn

11. Fjörgyn, die Erdmutter

Fjörgyn ist die personifizierte Erde selbst, deren üppige Landschaft sich hier in Form einer schwangeren Frau ausbreitet. Gleich gegen den Strom anschwimmenden Lachsen, die zum Laichen an ihren Geburtsort zurückkehren, so kehrt auch der Mensch am Ende seines Seins wieder in die Dunkelheit ihres geborgenen Leibes zurück. Fjörgyn selbst wird als eine Tochter der Nott (Nacht) und des Anar (der Andere) bezeichnet. Als urmütterliche Naturgottheit wurde sie bereits schon lange verehrt, als der **Tyr**- und **Odins**-Glaube noch gar nicht bestand. Weitere wichtige Namensbezeichnungen in der Edda lauten auch Hlódyn, Nerthus, Bestla oder Jörd. Als Bestla (möglicherweise eine andere Bezeichnung für die Urkuh **Audhumla**) wird sie schon als Urmutter der drei Götter Odin, Wili und We erwähnt. Nach Snorri zerteilten diese drei Götter den Urzeitriesen **Ymir**, um aus dessen Fleisch die Erde zu erschaffen. Darüber spannten sie das Himmelszelt, das sie aus der Schädeldecke des Riesen fertigen. Sie stellten vier Zwerge auf, einen in jede Himmelsrichtung, damit diese fortan das Sternendach stützen. Die Götter nannten die Erde Midgard (Wohnort in der Mitte), da sie inmitten der neun Welten des Weltenbaumes lag. Sie bauten einen Wall darum, um die auf ihr wohnenden Menschen vor den Angriffen der Riesen zu schützen. Des Weiteren zogen sie um Midgard einen Meeresgürtel, auf dessen Grund sich die mächtige Midgardschlange **Jörmungand** ringelt, welche die ganze Welt umspannt.

Als Jörd oder Hlódyn zeugte Odin mit ihr seinen ersten Sohn, den mächtigen **Thor**, der die Götter und die Menschen mit seiner Erdkraft gegen die Riesen schützt. Aus diesem Grund nennt man Thor auch den „Sohn der Erdgöttin". Odins Gattin **Frigg** ist ebenfalls eine direkte Tochter von Fjörgyn, der von Snorri zwar als ihr Vater(?) angegeben wird, vermutlicher aber mit der Erdmutter selbst identisch ist. Als eine Vertreterin der Erdgöttin wird auch die spröde Riesin Rinda angesehen, die der Göttervater durch eine List schwängert, damit der künftige Sohn später den Mord an seinem Sohn **Balder** rächt. In diesem Mythos verkörperte Rinda die noch gefrorene Wintererde, die hartnäckig verweigert, sich den befruchtenden Strahlen der Sonne (Odin) hinzugeben (s. auch **Vali**).

Unter dem Namen Nerthus wird die Erdgöttin ebenfalls von dem römischen Geschichtsschreiber Tacitus erwähnt, der schon im 1. Jh. n. Chr. beschreibt, wie man zu ihren Ehren einen von Kühen (s. auch **74. Audhumla**) gezogenen Wagen durchs ganze Land fuhr, der reich geschmückt war. In dieser heiligen Zeit herrschte überall festliche Stimmung und die Waffen mussten ruhen.

Bragi

12. Bragi, der Skalde

Bragi ist der persönliche Hofskalde **Odins** und musiziert in den Hallen der Götter, um die Anwesenden mit seinem Gesang und Erzählungen zu erfreuen. Er soll ein Sohn Odins und dessen Gemahlin **Frigg** sein, während andere in dem Dichter eher einen Sohn der Riesin Gunnlöd sehen, welchen Odin mit jener zeugte, als er sich Zugang zu dem Ekstasemet **Odrörir** verschaffte (s. **Swafnir**). Als eine Art Truchsess begrüßt Bragi in Walhall die Gäste und Neuankömmlinge unter den Einherjern (Einzelkämpfern) und überreicht diesen einen Willkommenstrunk. Snorri schildert den Skalden als klugen und wortgewandten Gesellschafter, „deshalb auf seiner Zunge Denkrunen eingeritzt seien". Er ist wegen seiner Weisheit berühmt und ist von allen Liederschmieden der Größte, weshalb die Dichtkunst nach ihm als „bragr" benannt wird und man begabte Skalden (Dichter) mit seinem Namen betitelt und ehrt. Als bestellter und berufener Sprecher der Götter wird er meist in schon fortgeschrittenem Alter und einem langen weißem Bart dargestellt. Seine Frau ist die Frühlingsgöttin **Iduna**, welche, im Gegensatz zu ihrem Mann, mädchenhaft und jugendlich erscheint. Ihr gemeinsamer Wohnsitz wird Brunnakr (Brunnenacker) geheißen.

Einer der wohl ältesten bekannten Skalden war Bragi Boddason, dessen Werke im 9. Jh. n. Chr. in Skandinavien entstanden. Drei Jahrhunderte später wird er ebenso als Dichter eines schwedischen Königs aufgeführt. Da „Bragr" auch als Titel für Häuptlinge und Fürsten gebraucht wurde, liegt nahe, dass Bragi als eine abzweigende Form von Odin angesehen werden kann, der selbst einmal diesen Namen führt und bis heute als eigentlicher Erfinder der Dichtkunst gilt. Die Skaldendichtung besticht vor allem durch ein höfisches Versmass, das gewöhnlich in Stabreimen abgefasst wurde.

In einer Überlieferung bespricht sich Odin mit Bragi über die nahende Ankunft eines im Kampf gefallenen Heldenkönigs, der nun in der Totenhalle Walhall erwartet wird. In einem anderen Lied, als die Asen den Meeresgott **Ägir** zu einem Gastmahl nach Asgard einladen, wird diesem ein Platz neben Bragi zugewiesen, worauf der seine „Bragaredur" (Reden des Bragi) zum besten gibt, die der Meeresgott zuweilen unterbricht, um dem klugen Redner Fragen zu stellen.

In dem Lied „Lokis Zankreden" ergreift Bragi als erster das Wort, um **Loki** den Sitz an einer Festtafel zu verweigern, worauf ihn dieser vor der versammelten Göttersippe als Drückeberger und Bankzierde beschimpft, dessen Hintern lieber an der Sitzbank klebe, wenn es darum ginge, mit den Männern ins Gefecht zu ziehen. Ein Vorwurf, dem sich mancher Poet zu stellen hatte, wenngleich bekannt ist, dass einige Skalden auch große Kämpfer gewesen sein sollen.

Hel

13. Hel, die Todesgöttin

Hel ist die germanische Göttin der Unterwelt Helheim. Der Eingang in ihr Reich wird von dem Höllenhund Garm bewacht, der die Verstorbenen mit seinem lauten Gebell empfängt. Als „Hels dunkle Brut" werden alle sie umgebenden Wesenheiten, Geister und Dämonen bezeichnet, die in den **Ragnarök** gemeinsam mit den Riesen gegen die Götter ziehen werden. Die Göttin soll eine Tochter **Lokis** und der Riesin Angrboda (Sorgenbringerin) sein. Hels Erscheinung ist zum Einen jung und menschlich, zum Anderen alt und tierhaft. Ihre Geschwister sind die Midgardschlange **Jörmungand** und der **Fenrirwolf**. **Odin** verbannte sie einst ins Totenreich hinab, wo sie seitdem über die unterirdischen Welten gebietet. Voller Hass sinnt sie seither auf Rache für ihre Verbannung. Hels Welt wird von dem Helgrindzaun umgeben, und man muss sie durch ein Gatter betreten. Durch diese Öffnung fließt auch der Totenfluss Gjöll, über den sich die Totenbrücke Gjallarbru spannt, das Gegenstück zur Regenbogenbrücke Bifröst. Wer sie einmal überschritten hat, den lässt Hel nicht mehr aus ihren Fängen. Hels Wohnsitz heißt Eljudnir (Elend), ihr Tisch Hungr (Hunger), ihr Messer Sultr (Verschmachtung) und Fallandaforad (Fallende Gefahr) ihre Türschwelle. Kor (Sarg) ist der Name ihres Bettes und Blikjandabol (blinkendes Unheil) der ihres Bettvorhangs. Ihre Bediensteten sind die Magd Ganglot (Trägtritt) und der Knecht Ganglati (Langsamtritt). Die Jungfrauen-Riesin Modgud (Seelenkampf) bewacht die Gjoll-Brücke, die verstorbene Menschen wie Götter überqueren müssen, um in ihr Reich zu gelangen.

„Halja" oder auch „hal" (Walhall = Totenhalle) lautet der nordische Begriff für die unterirdische Behausung der Verstorbenen bzw. der zeitlose Aufenthaltsort der Seele, wo sie bis zu ihrer nächsten Wiedereinkörperung verweilt. Dieser Begriff wandelte sich im Zuge der Christianisierung schließlich zur Hölle. Dies wird auch deutlich, durch die unmissverständliche Namensgebung von Hels Wohnutensilien und Attribute, so dass die Göttin immer mehr zum eigenständigen und bedrohlichen Aspekt der Göttin **Frigg** wurde, aus der sie einst hervorging. „Zur Hel fahren" ist ein Kenning, der den Akt des Sterbens beschreibt. Doch empfängt Hel nicht alle Toten, sondern lediglich Sünder, Diebe, Mörder und Taugenichtse, weiter alle Krieger, die nicht dazu ausersehen sind, im Kampf zu sterben, sondern an Altersschwäche oder Krankheit dem sogenannten „Strohtod" auf der heimischen Schlafstätte erliegen. Auserwählte und in der Schlacht gefallene Helden kommen nach Walhall (s. **Walküren**). Ertrunkene hingegen landen im Netz der **Ran**.

Als der Gott **Balder** durch Lokis Verschulden stirbt, versuchen die Asen Hel dazu zu bewegen, diesen wieder freizugeben. Hel stellt jedoch eine Forderung, die abermals durch Lokis Zutun nicht eingehalten werden kann. So muss Balder weiterhin im Totenreich verweilen.

Die Namen „Hella" oder „Holda" sind vermutlich weitere Entwicklung der einstigen Göttin, die im Volksmund schließlich zur Frau Holle führten. Sie ist die Göttin, welche der Natur durch Stillstand Frieden schenkt und sie mit ihrem weißen Kleid bedeckt, aber auch als gespenstisches Sturmweib durch die kalte Jahreszeit zieht und jeden mit sich nimmt, dessen Lebenszeit abgelaufen ist. In dem gleichnamigen Märchen findet sich vor allem ihr heller Aspekt, wo sie mit gerechter Strenge prüft, wer sich ihrer Gaben als würdig erweist.

Forseti

14. Forseti, der Vorsitzende

Forseti, der Richtergott, ist einer der Asen und Sohn des **Balder** und dessen Gattin Nanna. Sein Sitz in Asgard ist der Saal Glastheim (der Schimmernde), der goldene Säulen und ein silbernes Dach besitzt und als die beste Gerichtsstätte bei Göttern und Menschen gilt. Dort weilt Forseti die meisten Tage, um das ihm zugewiesene Amt auszuüben. Sein Wesen wird als milde, freundlich und besonnen beschrieben, das seinem Vater gleicht, dem er in Weisheit und Redegewandtheit in nichts nachsteht. Des Gottes altnordischer Name bedeutet soviel wie „Vorsitzender" und man erhob ihn später allgemein zum Richtergott, da es in der Edda heißt, dass alle, die mit Streitigkeiten zu ihm kommen, verglichen und versöhnt wieder von ihm gehen. Dieser Titel bezieht sich vor allem auf das regelmäßig abgehaltene Thing, wo meist der Adelige den Vorsitz führte, der sich durch Weisheit und Rechtschaffenheit einen guten Ruf gemacht hatte. Das Thing war die gesetzgebende und richtende Versammlung aller freien Männer, und seine Ursprünge reichen weit zurück. Bei diesen Treffen galten heilige und strenge Regeln, deren Missachtung mit Strafen oder Ausschluss geahndet wurden. Forsetis richtende Gewalt findet sich in älterer Zeit noch bei dem durch **Odin** abgelösten Himmelsgott Tiuz (**Tyr**).

Es existiert eine alte Aufzeichnung aus dem Jahre 790 n. Chr., wo eine Insel, welche sich zwischen Nordfriesland und Dänemark befindet (moglicherweise Helgoland?), nach dem dort verehrten Gott „Fosites Land" genannt wurde. Die Friesen verehrten den Gott Fosite und einige Forscher sind der Ansicht, dass es sich hierbei um ein und dieselbe Gottheit handelt. Besagte Insel mit den dort existierenden Quellen und weidenden Herden galt als großes Heiligtum der Friesen.

Nach einer alten Sage (welche die Bekehrung zum Christentum zum Hauptzweck erhebt) werden von König Karl dem Großen zwölf Gesetzessprecher eingesetzt, um von nun an Recht zu verkünden. Als diese Männer sich bei einer Verhandlung nicht einig werden, lässt sie König Karl in einem Segel- und Ruderlosen Schiff auf offenem Meer aussetzen. In ihrer Verzweiflung beten die Männer nun zum neuen Christengott, auf dass er ihnen gleicher Art helfe, wie er einst seine zwölf Jünger vor dem Sturm gerettet habe. Da taucht mit einem mal ein dreizehnter Mann unter ihnen auf, der sie sodann mit einem Ruder sicher ans Land steuert. Dort lehrt sie dieser Mann die Rechtsprechung, um darauf ebenso geheimnisvoll wieder zu verschwinden. Die Männer kehren zu König Karl zurück, der sie nun, überzeugt von ihrem Können (Glauben), erneut als Richter einsetzt. So entstand das friesische Recht.

Bei dieser Geschichte drängt sich der Verdacht auf, dass es sich bei dem plötzlich erscheinenden Mann ursprünglich um Odin handelte, dessen unerwartetes Auftauchen sich in vielen alten Sagen findet.

Njörd

15. Njörd, der Wanengott

Njörd ist einer der obersten Gottheiten aus dem alten Geschlecht der Wanen. Er ist zuständig für günstigen Wind und reichhaltigen Fischfang, worum ihn die Seeleute anrufen. Sein Wohnsitz ist Noatun, der an der Küste liegt. Es heißt, er verfüge über unendlich großen Reichtum, den er zuweilen an jene verteilt, die sich sein Wohlwollen verdient haben. Der Gott liebt den salzigen Geruch des Ozeans, das Kreischen der Möwen und das geschäftige Treiben der Männer in den Schiffswerften. Mit der Göttin Nerthus (**Fjörgyn**), die auch seine Schwester sein soll, zeugt der Meeresgott die beiden Kinder **Freyr** und **Freyja**, die später mit ihm in Asgard wohnen.

Als Schutzpatron des Meeres wurde Njörd vor allem in Skandinavien verehrt, wo der Ozean für die Menschen stets einen wertvollen Nahrungslieferanten darstellt(e). Der Glaube um seinen Kult reicht bis weit vor unsere Zeitrechnung zurück, und viele Orte entlang der norwegischen Küste sind nach ihm benannt. Njörd und sein Sohn Freyr sind beide Naturgottheiten und gleichen sich in mancherlei Hinsicht. Es gibt verschiedene Hinweise, dass der Sohn den Vater irgendwann in der Verehrung ablöste bzw. der Vater im Sohne schließlich aufging. Beide Götter werden mit Fruchtbarkeit, Wohlstand, Wachstum und Frieden in Verbindung gebracht. Ebenso sind sie aufs engste mit ihren Schwestern verbunden, was Aufschluss über Sitten und Gepflogenheiten des Wanenvolkes gibt, dessen Lebensweise sich noch an matriarchalem Recht orientierte.

Die Edda schildert folgendes: Als der durch **Gullweig** verursachte Krieg beendet ist, einigen sich Wanen und Asen auf einen Waffenstillstand. Um diesen zu besiegeln, tauschen beide Seiten Friedensgeiseln untereinander aus. Njörd und Freyr werden zu den Asen gesandt. Später wird Njörd der Wintergöttin **Skadi** als Entschädigung für ihren von den Asen erschlagenen Vater Thjazi (einem Riesen) zum Ehemann gegeben. Bei dieser Geschichte ist vor allem die Schönheit von Njörds Füßen ausschlaggebend, welche Skadi fälschlicherweise als die Füße von **Balder** deutet, dessen Gewinnung sie sich erhofft. Die Ehe von Skadi und Njörd bleibt jedoch kinderlos und ist nicht von langer Dauer, da sie sich auf keinen gemeinsamen Wohnort einigen können. Skadi zieht sich schließlich enttäuscht wieder in die Einsamkeit ihrer Berge zurück, während Njörd in Noatun bleibt. Über Njörds Verbleib während den **Ragnarök** ist lediglich überliefert, dass er zu deren Beginn zu seinem eigenen Volk zurückkehrt.

Ullr

16. Ullr, der Bogengott

Ullr ist einer der zwölf Asen und ein Stiefsohn des Gottes **Thor**, da er aus einer früheren Ehe zwischen dessen Gattin **Sif** und einem „Sternenhelden" Namens Orwandil hervorging. Ullr ist ein Gott des Winters und nur in Skandinavien nachgewiesen. Ebenso wie bei der Göttin **Skadi** sind die ewig schneebedeckten Berge seine Heimat. Von Snorri erfahren wir, dass Ullr von wohlgestaltetem Äußeren, ein hervorragender Bogenschütze, Schneeschuhläufer und erfahrener Kriegsmann ist. Er durcheilt als bogenbewehrter Jäger die eisigen Landstriche und erinnert in seinem Wesen stark an die Finnen und Lappen, aus deren Vorstellung Ullr vermutlich hervorging. Sein Wohnsitz ist Ydalir, das Tal der Eiben, deren Holz sich besonders gut zum Bau hochwertiger Bögen eignet. In einer skaldischen Dichtung taucht das Kenning von „Ullrs Schiff" auf, das darauf schließen lässt, dass der Gott seinen Schild gelegentlich als Fahrzeug benutzt, möglicherweise, um darauf wie auf einem Schlitten die verschneiten Abhänge hinunterzufahren.

In einer Sage wird bei einer Schwurablegung Ullrs Ring erwähnt, bei der man den Gott als Zeuge anrief. Aus diesem Grund lag am Altar des Ullr gewöhnlich ein Schwurring. Ebenso war es Brauch, seine Gunst für einen bevorstehenden Zweikampf zu erbitten, dessen Ausgang als Gottesurteil angesehen wurde. Die Angelsachsen riefen den Gott Wuldor, was soviel wie „Ehre" bedeutet. Ullr wird auch mit „der Herrliche" oder „der Strahlende" übersetzt, was wiederum Hinweise auf seine Beziehung zum Nordlicht gibt.

Der Schreiber Saxo berichtet, wie der Wintergott unter dem Namen Ollerus für eine unbestimmte Zeit den Platz **Odins** einnimmt, nachdem der Göttervater für ein frevelhaftes und schändliches Vergehen von den Göttern verbannt wurde. Odin hatte sich die Riesin Rind durch einen unehrenhaften Zauber gefügig gemacht, um mit ihr ein Kind zu zeugen (s. **Vali**). Deshalb musste er sein Amt als oberste Gottheit abtreten, solange, bis seine Strafe gesühnt und verjährt war. Ullr/Ollerus wird für diese Zeit zu Odins Nachfolger bestimmt. Hinter diesem Mythos sah man Odin symbolisch als Sonne, die abends im Westen die gefrorene Erde (Rind) zu berühren schien, um diese zu befruchten. Nachdem im hohen Norden die Sonne das halbe Jahr über hoch am Himmel steht, wird das Licht nun für die gleiche Zeit durch die Dunkelheit (Ullr) abgelöst. Odin kehrt nach der Tilgung seiner Strafe aus der Verbannung zurück und tritt im Frühling in neuen Ehren sein Amt wieder an. Da Ullr für diese geraume Zeit den Platz des Allvaters einnimmt, gilt es nicht als anmaßend, ihn an dessen Seite zu stellen. Die nachvollziehbare Feindschaft zwischen den beiden Göttern könnte im Sinne der Verdrängung des Ullr-Dienstes durch den Odin-Glauben gedeutet werden, ebenso wie Odin irgendwann den alten Gott Tiuz (**Tyr**) ablöste. In Ostnorwegen und Schweden war der Ullr-Kult weit verbreitet und noch heute tragen dort einige Ortschaften und Plätze den Gott in ihrer Namensbezeichnung.

Skadi

17. Skadi, die Wintergöttin

Skadi ist die Tochter des Frostriesen Thjazi, und ihre Heimat ist in den rauen Bergen Skandinaviens, wo sie auf Schneeschuhen läuft und das Wild mit dem Bogen jagt. Wenn Natur und Außenwelt unter der weißen Schneedecke zu schlafen scheinen, ist die Göttin unterwegs, um den Menschen in dieser kargen Jahreszeit Glück bei ihrer lebensnotwendigen Jagd zu bescheren. In dieser Funktion wird sie auch mit **Ullr**, dem bogenschießenden Wintergott, in Verbindung gebracht. Da ihr Name „Schatten" (der das Land bedeckt?) bedeutet, wird sie ebenfalls mit dem Tod bzw. Anteilen der **Hel** assoziiert.

In Nordskandinavien wird Skadi als Vertreterin des Finnentums angesehen, die mit **Odin** den Sohn Säming zeugte, den Ahn der Herrscher von Halogaland, jene Ländereien, auf denen Lappen und einige Germanenstämme gemeinsam lebten. Versuche wurden unternommen, Skandinavien als „Land der Skadi" zu deuten, was bisher jedoch nicht bewiesen werden konnte. Skadis Name findet sich in einigen schwedischen und norwegischen Ortsnamen wieder, die auf eine ehemalige Verehrung oder mögliche Kultstätten der Göttin schließen lassen.

Snorri weiß über Skadi, die er sogar zu den Asinnen zählt, folgendes zu berichten: Nachdem ihr Vater für die Entführung der Göttin **Iduna** von den Göttern erschlagen wird, legt die Riesentochter Brünne und Waffen an und zieht vor die Tore Asgards. Dort fordert sie Rache und Wergild für ihren Verlust, worauf die Götter ihr zur Versöhnung anbieten, sich einen der ihren zum Manne wählen zu dürfen. Allerdings unter der Einschränkung, sich ihren Bräutigam nur nach den Füßen auszusuchen. Alle Asen, die für eine Heirat in Frage kommen, stellen sich daraufhin der Reihe nach barfuss vor ihr auf, während die Körper hinter einem Vorhang verdeckt bleiben. In der Meinung, die schönsten Füße müssten dem ansehnlichen **Balder** gehören, wählt sie irrtümlich **Njörd**, den Gott der Schifffahrt und des Meeres. Darauf heiraten die zwei, führen jedoch keine lange und glückliche Ehe, da sich beide, in völlig unterschiedlichen Gegenden aufgewachsen, auf keinen gemeinsamen Wohnsitz einigen können. Die Ehe löst sich auf und die Göttin zieht sich zum Skifahren und Jagen wieder in die Berge zurück. Später soll Skadi angeblich eine Ehe mit Odin/Ullr eingegangen sein und diesem viele Kinder geboren haben.

Weiter wird überliefert, dass Skadi für ihren toten Vater eine zweite Bedingung an die Asen stellt, nämlich jene, sie wieder zum Lachen zu bringen. Nachdem mehrere Versuche, der eisigen Gesinnung der Riesin auch nur ein Schmunzeln zu entlocken, gescheitert sind, bindet der gewitzte **Loki** einer Ziege einen Strick um den Bart, während er das andere Ende an sein Geschlechtsteil wickelt. Beide ziehen sich nun laut meckernd hin und her, bis sich Loki schreiend in Skadis Schoß fallen lässt, die daraufhin in lautes Gelächter ausbricht. In dieser Begebenheit findet sich das heute noch in der Fastnacht vorkommende Motiv, dass der raue Winter durch Spaß und Schabernack vertrieben wird bzw. dazu gebracht wird, dem nahenden Frühling zu weichen. Da Loki sich später vor Skadi rühmt, die Schuld am Tode ihres Vaters zu tragen, rächt sich die Göttin dadurch, dass sie eine Giftschlange über Lokis Haupt anbringt, als dieser von den Göttern für seine Vergehen an einen Felsen gefesselt wird (s. **Lokis Schuld**).

Mani

18. Mani, der Mond

Mani lautet der Name des personifizierten Mondgottes, der mit seinem leuchtenden Wagen seine Runden am nächtlichen Firmament dreht. Auf dem Gestirn erscheinen die Gestalten zweier Kinder, die dem Mondgott als Helfer zur Verfügung stehen. Ihre Namen sind Bil (Ermattung) und Hjuki (Erholung) und gemeinsam tragen sie das Gefäß Sägr, welches das Mysterium des Seelenwassers bewahrt und die Geburt des ewig kindlichen mit dem mütterlich nährenden Prinzip des Mondes vereint. Im Hintergrund erscheint die Göttin Nott (Nacht), die ihre dunkle Haarpracht öffnet, aus der sich unzählige Sterne in den Kosmos ergießen. Ständig ist dem Mondgott der Riesenwolf Hati auf den Fersen, und wenn er ihm zu nahe kommt, gibt es eine Mondfinsternis.

Wie schon die deutsche Wortwurzel besagt, wurde im germanischen Weltbild der Mond als männlich und die Sonne als weiblich verehrt. Auch in den skandinavischen Ländern, in denen die Menschen ständig den kalten Elementen widerstehen mussten, wurde die wachstumsfördernde Wärme der Sonne mit den Eigenschaften des Weiblichen assoziiert, während man das kalte Licht des Mond mit männlichen Attributen belegte. Allgemein richtete sich die Zeitrechnung der germanischen Stämme nach dem Mond und nicht, wie heute üblich, nach der Sonne.

Snorri berichtet in einer märchenhaften Schilderung folgendes: Der Urzeitriese Mundilfari, dessen Name mit „Himmelsumdreher" oder „Himmelsachse" übersetzt wird, hatte zwei schöne Kinder. Da er sehr stolz auf diese war, verglich er sie mit den beiden sichtbaren Gestirnen Sonne und Mond. Seinem Sohn gab er den Namen Mani (Mond) und seine Tochter nannte er **Sol** (Sonne). Als die Götter von den Namen der Kinder erfuhren, zürnten sie des begangenen Hochmuts und verbannten sie zur Strafe ans Firmament. Dort musste jeder von ihnen in einem Wagen abwechselnd die Erde umfahren, wodurch sich die beiden Geschwister nur selten zu Gesicht bekamen. So ziehen sie seit jeher einsam ihre Bahn.

Als verkörperte Gottheit war Mani für das Zu- und Abnehmen der Mondscheibe verantwortlich. Da er sich dieser Aufgabe nicht gewachsen sah, stahl er auf einer seiner Fahrten zwei Menschenkinder die ihn fortan bei seiner Arbeit unterstützen sollten. Die Kinder holten gerade Wasser aus einem Brunnen mit Namen Byrgir. Ihr Wassergefäß hieß Sägr und die Stange, die sie auf den Schultern trugen, Simul. Die Menschen nannten sie fortan „die Kinder des Mondes" und es heißt, dass man sie in klaren Vollmondnächten zuweilen noch sehen kann.

Den alten verbreiteten Volksglauben, dass bei einer Mondfinsternis das Gestirn von einem Untier verschlungen wird, finden wir in der Gestalt des Managarm-Wolfes, der auch Hati (Hasser) oder Mondhund gerufen wird. Die Riesin Gyge hat ihn einst im Jarnwidr (Eisenwald) mit **Fenrir** gezeugt, damit er und seinesgleichen am Weltenende (s. **Ragnarök**) die Gestirne verschlingen und ewige Finsternis über die Erde bringen sollten.

In älteren Märchen erscheint der Mondgott zuweilen als geheimnisvoller und unsichtbarer Geliebter einer verheirateten Frau, die sich von ihrem Mann ungeliebt und allein gelassen fühlt. Öfters taucht er allerdings als „der Mann im Mond" in Kindermärchen auf, wo er, je nach Positionierung, einen guten oder einen schlechten Charakter aufweist.

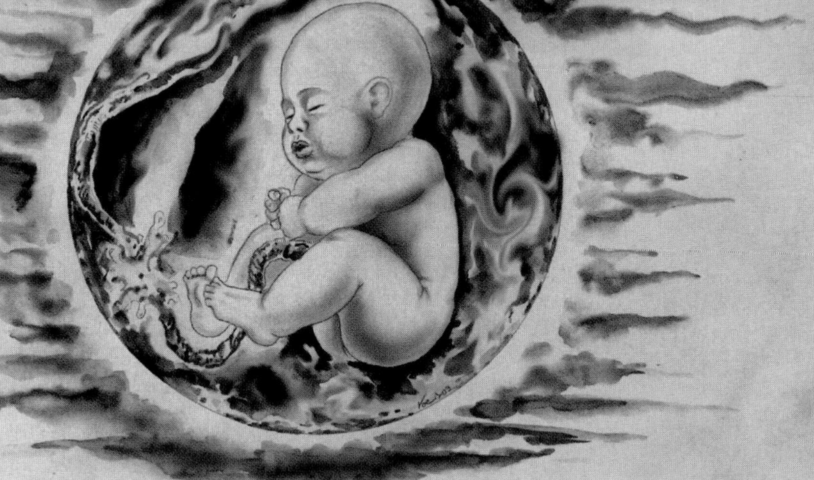

Sol

19. Sol, die Sonne

Sol lautet der Name der germanischen Sonnengöttin, die auf ihrem feurigen Wagen Tag um Tag ihre Bahn um Midgard zieht, um mit ihrem strahlenden Antlitz die Welt zu erhellen und allen Pflanzen und Lebewesen gleichsam Wärme zu spenden. An ihrem linken Arm trägt sie den Schutzschild Svalinn (Sänftiger), den sie zuweilen vor sich hält, damit ihre heißen Strahlen nicht Berge und Wälder versengen. Ihr Gespann besteht aus zwei leuchtenden Pferden, deren Namen Arwakr (der Frühwache) und Alswidr (der Allgeschwinde) lauten. Unter dem Bug des Wagens sind zwei Blasebälge befestigt, die Irsankol (Erzkühle) genannt werden und den beiden Rossen die notwendige Kühle verschaffen. Auch Sols Wagen wird von einem grimmigen Wolf namens Sköll (Bosheit) verfolgt, der danach trachtet, das leuchtende Gestirn zu verschlingen, sobald es seine Fahrt verlangsamt. In den Ragnarök wird die Sonnengöttin schließlich von ihrem Verfolger gefangen und verschluckt. Doch gebiert sie kurz zuvor noch eine Tochter, welche fortan die Aufgaben ihrer Mutter übernimmt. Sols Name lautet in unseren Breitengraden „Sunna" und der ihr geweihte Tag ist der Sonntag.

Verschiedene Beschreibungen ihrer Gestalt mit Attributen wie einem Gesicht, einem Feuerrad, Wagen oder Schild zu versehen, zeigen die klassischen Spuren prosaischer Vermenschlichung dieses lebenswichtigen Gestirns. Einmal wird Sol von Snorri als Göttin genannt und unter den Asinnen aufgezählt, während die Prosa-Edda folgendes berichtet: Ein Mann Namens Mundilfari hatte zwei Kinder, die waren so hübsch und schön anzusehen, dass er seinen Sohn **Mani** (Mond) und seine Tochter Sol (Sonne) nach ihnen benannte. Diese verheiratete er mit einem Mann, der Glen (der Glänzende) hieß. Doch die Götter wurden zornig über die Anmaßung dieser Namensgebung, raubten die beiden Geschwister und versetzten sie an den Himmel. Sol musste fortan die Rosse lenken, die den Wagen jener feurigen Scheibe zogen, welche die Götter aus einem fliegenden Funken aus Muspellheim (s. **Surt**) geschaffen hatten. Seitdem zieht Sol unablässig ihre Bahn, ständig auf der Flucht vor ihrem wölfischen Verfolger. Wenn dieser sie erreicht, ist das Ende der Welt gekommen.

In den verschiedensten Mythen findet sich immer wieder der Glaube an ein finsteres fliegendes Ungeheuer, dessen Verlangen, das Licht zu verschlucken, es unaufhörlich vorwärts treibt. Kaum etwas fürchteten die Germanen so sehr wie eine nahende Sonnenfinsternis, da man dieses Ereignis immer als böses Omen für Zerstörung und mit dem drohenden Weltuntergang in Verbindung brachte. Es ist überliefert, dass ganze Volksstämme in lautes Lärmen und Geschrei ausbrachen, um das Ungeheuer, welches die Sonne nun schon im Maul hatte, zu erschrecken, damit es wieder von ihr ablasse und sie freigebe.

Der alte Volksmund pflegte die beiden Gestirne gerne als „Frau Sonne" und „Herr Mond" zu benennen. Sunnas Wesen wird verständlicherweise als froh, liebevoll und gnädig beschrieben, da sie auf alle Wesen gleichermaßen scheint und keine Unterschiede zwischen gut und böse macht. Noch heute werden mancher Orts zur Sommersonnenwende brennende Feuerräder die Berge hinunter gerollt, um diesen alten Brauch zu erhalten. Die Swastika, das Hakenkreuz, ist das wohl am meisten missverstandene Symbol, zeigt es durch zwei verbundene Sig-Runen doch lediglich den Lauf der Sonnenenergien, deren Darstellung sich auf Tempel- und Kultgegenständen vieler alter Kulturen findet.

Hödur

20. Hödur, der Blinde

Hödur, auch Höd genannt, dessen Name übersetzt soviel wie „Kampf" bedeutet, ist ein Sohn des **Odins** und der **Frigg**. Seine traurige Berühmtheit erlangt er durch jene unheilvolle Tatsache, dass er im Verlauf eines Wettschießens unbeabsichtigt seinen eigenen Bruder **Balder** tötet. Hödurs auffälligstes Merkmal ist seine Blindheit, wodurch er zu einem Leben in ewiger Dunkelheit verdammt ist. Zwar ist ein blinder Kämpfer nur schwer vorstellbar, da sich aber weder etwas über eine erfolgte Blendung noch eine Verwundung findet, welche zum Verlust seines Augenlichtes geführt haben könnte, lässt vermuten, dass Hödurs Behinderung erst nachträglich durch christliche Einflüsse hinzukam, um seine Tat, die eher einer „Verblendung" gleicht, ein wenig zu entlasten, wodurch die Schuld des eigentlichen Drahtziehers umso größer erscheint.

Die Edda berichtet über den Verlauf dieses Dramas. Balder wird von unheildrohenden Träumen geplagt, worauf seine zukunftschauende Mutter Frigg allen Dingen den Eid abnimmt, fortan ihrem Sohn keinen Schaden mehr zuzufügen. Die Götter, erfreut darüber, dass ihr strahlender Held nun unverwundbar ist, versammeln sich darauf und beginnen, mit Waffen nach Balder zu werfen. Nur **Loki** missfällt dieses Spiel, und so begibt er sich in der Gestalt eines alten Weibes zum Palast der Frigg. Dort findet er heraus, dass die Göttin bei ihrem Anliegen, den Sohn zu schützen, vergessen hatte, die noch zu junge Mistel einen Eid schwören zu lassen. Darauf geht Loki zum Kampfplatz zurück, reißt eine Mistel heraus und flechtet aus ihr einen Speer. Während die Götter mit ihrem Spiel fortfahren, gesellt er sich zu dem im Hintergrund stehenden Hödur und fragt diesen, warum er denn nicht nach Balder werfe. Jener antwortet, er hätte weder Waffe noch Augenlicht, um diesen zu treffen, worauf ihn Loki ermutigt und anbietet, ihm die Wurfhand führen zu wollen. So fliegt der aus Misteln geflochtene Speer aus Hödurs Hand und durchbohrt Balder, der darauf tot zu Boden fällt. Alle Anwesenden erstarren vor Entsetzen und allgemeines Weheklagen bricht aus. Da die Mordtat auf heiligem Boden geschehen ist, können sie aber zunächst nichts unternehmen.

Schließlich wird Hermod, ein weiterer Odinssohn, auf **Sleipnir** zur **Hel** ins Totenreich geschickt, um dort auf Friggs Geheiß Balders Rückkehr zu erflehen. Doch als alle Versuche scheitern (s. auch **Thökk**), tritt schließlich ein weiterer Odinssohn mit Namen **Vali** auf den Plan, der den Mord rächt und Hödur erschlägt. In einer Sage des Schreibers Saxo, wird Balder von einem Mann Namens Hötherus mit dem Schwert erschlagen.

Da es mit der Tötungsart des Lichtgottes eine eigenartige Bewandtnis hat, wurden schon verschiedene Versuche unternommen, den Mythos zu deuten. Die gängigste ist das Drama als Allegorie auf die zur Sommerwende dahinsterbende Sonne, die ihren Zenit überschritten hat und nun langsam der wiederaufkommenden Dunkelheit und Kälte weichen muss, die durch Hödur verkörpert wird. Im **goldenen Zeitalter** jedoch, sollen Balder und Hödur von den Toten wieder auferstanden und gemeinsam mit ihren Brüdern Vali und **Widar** versöhnt im Himmelspalast Gimle die Herrschaft über die neue Welt antreten.

Sif

21. Sif, die Korngöttin

Sif ist eine der Asinnen und die Gemahlin des Donnergottes **Thor**, mit dem sie die zwei Kinder Thrud und Lorride hat. Sie lebt mit ihrem Mann in Thrudheim (Kraftheim) und wird wie die Göttermutter **Frigg** mit einem friedlichen und glücklichen Familienleben sowie ehelicher Treue assoziiert. Ihre wundervolle Haarpracht hat ihr auch den Beinamen „schönhaarige Göttin" eingebracht. Ihr Haar soll so golden glänzen, wie das im Wind wogende Korn eines reifen Getreidefeldes im Spätsommer, weshalb eines der zahlreichen Kenningar für Gold auch „Sifjar haddr" (Sifs Haar) lautet. Der Name der Göttin wird ebenfalls mit „Sippe" umschrieben, die nach nordischem Sprachgebrauch für Blutsverwandtschaft und Verschwägerung stand. Als Schützer dieser Bande gilt Thor, der die geschlossenen Ehen mit dem Hammer weiht und dem hierdurch die als personifiziert gedachte Sippe zur Frau gegeben wird. Ein mythisches Bild malt uns Thor als den Herrn des Gewitters, welcher sich durch Blitz und Regen mit dem Gelb des Getreidefeldes vermählt und dieses zu voller Pracht reifen lässt. Die der Göttin geweihten Kornblumen, deren Blütezeit von Mai bis September andauert, sind allerdings immer seltener anzutreffen, da sie durch chemische Unkrautbekämpfung am Zurückgehen sind.

In der Edda schneidet **Loki** der Göttin eines Tages aus Bosheit im Schlaf die schönen Haare ab. Als sie erwacht, ist das Entsetzen darüber groß, doch schon kurz darauf kehrt ihr Gatte Thor zurück, dessen Verdacht sogleich auf Loki fällt. Er ergreift den Bösewicht, schüttelt ihn fürchterlich und droht, ihm jeden Knochen einzeln zu zerschlagen, wenn dieser sein Werk nicht ungeschehen mache. Darauf eilt der zu Tode geängstigte Loki unverzüglich nach Swartalfheim, um dort Iwaldis Söhne aufzusuchen. Diese Zwerge sind große Meister der Schmiedekunst und schulden dem Feuergott noch einen Gefallen. Sie fertigen schließlich eine Haarpracht aus reinem Gold, so fein wie menschliches Haar, das die magische Gabe besitzt, seinem neuen Besitzer unverzüglich anzuwachsen.

Naturmythologisch wird Lokis Bosheit in diesem Lied als unberechenbares Feuer interpretiert, dessen Flammen während der sommerlichen Trockenheit in kürzester Zeit ein ganzes Getreidefeld vernichten können. Von der römischen Göttin Ceres, welche man für das pflanzliche Wachstum anrief, weiß man, dass man ihr zu Ehren die ersten Ähren als Weihegabe abschnitt (ähnlich dem letzten Bündel für den Woden s. **Wuotan**), damit das Getreide künftig umso voller und goldiger wachse. Von Sifs Haar lassen sich auch jene Märchen ableiten, bei denen es darum geht, Stroh zu Gold zu spinnen.

In den alten Volkssagen begegnen einem Sifs Aspekte in Namen wie Kornmutter, Rogenmuhe oder Frau Gode, Frau Freke usw. Allgemein gilt Sif als ein Aspekt der Erdgöttin, da ihr Name in der jüngeren Edda ebenfalls unter den verschiedenen Namen der **Fjörgyn** aufgezählt wird.

Gefjon

22. Gefjon, die Gebende

Gefjon wird unter den jungfräulichen Asinnen aufgezählt, und es heißt, an ihrer Seite gehen all jene Frauen, die als Jungfrauen sterben. Die Sage malt sie gewöhnlich in der Tracht des fahrenden Volkes, wie sie fröhlich lachend eine Peitsche schwingt, mit der sie vier gewaltige Ochsen antreibt, die vor einen schweren Pflug gespannt sind. Über diese Göttin ist nur wenig bekannt, doch weisen einige Vermutungen darauf hin, dass sich hinter Gefjon keine andere als **Freyja** selbst verbirgt, die an einer anderen Stelle mal den Namen „Gefn" führt. Jacob Grimm wies darauf hin, dass „gefn" mit „geofon", angelsächsisch: „geban" (Meer) zusammenhänge und auch Gefjon hierher gehöre, es sich somit also um eine Art Seegöttin aus dem alten Geschlecht der Wanen handele. Ebenso ist überliefert, dass im Namen der Göttin Eide abgelegt wurden.

In „Lokis Zankreden" wird die Gefjon von **Loki** beschuldigt, ihre Schenkel um einen blonden Jüngling geschlungen zu haben, der sie zur Lust verlockt und ihr Schmuck dafür geboten hätte. Daraufhin erwidert **Odin**, wie dumm es von Loki sei, den Zorn von Gefjon zu erregen, da sie, gleich ihm, um alle Weltgeschicke wisse. Eine Eigenschaft, welche sonst nur den **Nornen** und der Göttermutter **Frigg** ansteht, von der Gefjon ebenfalls abgezweigt sein könnte. Der Verfasser der „Zankreden" führt sie allerdings als eigenständige Göttin auf, obwohl er sonst nichts weiter von ihr berichtet.

Die bekannteste Sage um die Gefjon wird von einem Skalden Namens Bragi (s. **Bragi**) erzählt: Der an der Küste lebende König **Gylfi** herrscht über Schweden, als eines Tages ein fahrendes Weib an seinen Hof kommt. Aus Dankbarkeit für das genossene Vergnügen ihrer Künste, gesteht er der schönen Frau so viel Ackerland zu, wie vier Ochsen an einem Tage und einer Nacht umzupflügen vermögen. Die Frau aber ist vom Geschlecht der Asen und ruft ihre vier Söhne(!!) herbei, die sie fernab in Jötunheim mit einem Riesen gezeugt hat und verwandelt sie in vier kräftige Ochsen. Diese spannt sie vor einen Pflug, der sich darauf so scharf und tief in die Erde gräbt, dass sich unter ihm der Boden teilt. Das vom Festland abgetrennte Stück schleppen die Tiere gen Westen aufs offene Meer hinaus, bis sie schließlich, nach Ablauf der Frist, am Ende eines gewaltigen Sundes stehen bleiben. Hier festigt Gefjon das Land und gibt ihm den Namen Selund (Seeland). Der in der Früh erwachte König staunt nicht schlecht, als er mit großen Augen sehen muss, was sich zugetragen hat. Dort aber, wo das Land herausgerissen ward, entstand ein See, der jetzt in Schweden Log (der Mälarsee) genannt wird.

In der Ynglingasaga verbindet sich der Mythos von Gefjons Landgewinnung mit der Einwanderung der Asen aus Sachsen über Dänemark nach Südschweden. Dort ist es Odin selbst, der die Göttin aussendet, um Land zu suchen. Später heißt es, dass Gefjon dort in Selund ihren Wohnsitz nahm. Skjold, ein angeblicher Sohn Odins, der Ahnherr des dänischen Königsstammes der Skjoldungen, freite um sie, und sie wohnten zu Hleidra.

Eine andere Sichtweise sieht in dem besagten Mythos vom Landpflügen eine alte Erinnerung an eine furchtbare Sturmflut, die in früher Vorzeit von Norden hereinbrechend, Seeland von der skandinavischen Halbinsel losgerissen haben soll.

Widar

23. Widar, der Stille

Widar ist ein Sohn **Odins** und der Riesin **Grid** und gehört mit seinem Halbbruder **Vali** und den beiden **Thorssöhnen** Modi und Magni zu jenen Göttern der nächsten Generation, welche die **Ragnarök** überleben. Widars Mutter Grid ist jene Riesin, bei der Thor auf der Fahrt zum Riesen Geirröd freundschaftlich einkehrt und dem Donnergott ihre eigenen magischen Waffen leiht, um gegen den starken Riesen bestehen zu können.

Snorri macht folgende Angaben über ihn: „Man nennt ihn auch den schweigsamen Asen und er ist fast so stark wie sein Halbbruder Thor. Er besitzt einen dicken Eisenschuh, zu dem das Leder allezeit zuvor gesammelt ist und zwar aus den Flicken, welche die Menschen vor den Zehen und an der Ferse aus ihren Schuhen schneiden; und darum soll ein jeder, der gewillt ist, den Asen zu Hilfe zu kommen, diese Flicken fortwerfen. In allen Gefahren setzen die Götter großes Vertrauen auf ihn."

Weiter wird die besonnene Schweigsamkeit Widars hervorgehoben und als sein Wohnsitz das wild wuchernde Waldland und die mit hohem Gras bewachsene Heide angegeben. In dem Lied von „Lokis Zankreden" sitzen die Götter zum Festgelage in **Ägirs** glänzender Meereshalle beisammen. Als **Loki** nun unerwünscht auftaucht, bittet Odin seinen Sohn, sich zu erheben, um dem Neuankömmling seinen Platz abzutreten. Ohne ein Wort des Widerspruchs kommt Widar dieser Aufforderung nach, bedient Loki mit einem Humpen Met und wird in Folge von dessen Schmähungen verschont, die sonst keinen der Anwesenden auslassen.

Als es schließlich zu den Ragnarök kommt und der Göttervater im Rachen des **Fenrir**wolfes enden muss, eilt Widar herbei und tritt mit seinem gewaltigen Eisenschuh dem Tier ins Maul. Dann fasst er den Oberkiefer des Wolfes und reißt ihm den Rachen entzwei, worauf dieser verendet. An anderer Stelle wird berichtet, dass er dem Tier zusätzlich sein Schwert ins Herz stößt. So wird Widar zum Rächer des Göttervaters.

Eir

24. Eir, die Pflegende

Eir ist die Ärztin unter den Asen, was sie zu einer Heilerin und Göttin der Krankenpflege werden lässt. In frühen Zeiten war die Heilkunst vor allem den Priesterinnen und Schaman(inn)en vorbehalten, die ihr Heilwissen direkt aus den Beobachtungen der Natur gewannen und sich dieses gelegentlich unter der Einnahme bewusstseinserweiternder Pflanzen erwarben. Da die Weitergabe und Erhaltung dieses Wissens lange Zeit vor allem den Frauen vorbehalten war, kann Eirs Ursprung mit großer Wahrscheinlichkeit bei den Wanen gesucht werden, die in ihrer Lebensweise der Natur aufs Engste verbunden waren.

In der Edda wird Eir im Laufe einer Aufzählung von Jungfrauen genannt, deren Namen meist einsilbig lauten und die alle zu Füßen der Göttin Menglöd sitzen, die wiederum einem Aspekt der Göttermutter **Frigg** entspricht. So handelt es sich bei Eir um eine ihrer Dienerinnen, die über eine ihr zugeteilte differenzierte Aufgabe gebietet. Eirs Wesen wird wie das der anderen Jungfrauen als freundlich, schützend und hilfreich umschrieben. Ihr Wohnsitz ist der Berg der Heilmittel und Heilpflanzen (Lyfjaberg), von dem es heißt, er sei von einer Waberlohe (s. auch **Sigdrifa**) und einem Lehmwall umgeben, außerdem wache am Fuße des Berges der Riese Fjölswinn - Hinweise auf die erschwerte Unzugänglichkeit dieses geheimen Ortes, der nur von Eingeweihten betreten werden konnte. Dieser heilige Berg ist der Menglöd und ihren Dienerinnen geweiht, steht aber allen Kranken und Verletzten offen, die der Göttin ihr Vertrauen schenken. Jene, die ihn erklimmen, werden auf wundersame Weise wieder genesen, selbst wenn ihre Krankheit schon längere Zeit andauert.

Schon früh wurde den Heilkräften einer Jungfrau große Macht zugeschrieben, welche die Mädchen, die sich aufs Heilen spezialisierten, durch das Erlernen umfassender Arzneikunde oft noch zu vergrößern wussten. Bei vielen weisen Frauen des Altertums wurden Berge oder Heilfelsen als Behausung und Wohnorte aufgeführt. Dies deckt sich mit den Überlieferungen von Bergbauern, Hirten und Schäfern, die ihr Kräuterwissen meist in den einsamen Höhen der Gebirge erwarben.

Frösche und Kröten galten seit jeher als Sinnbild weiblicher Fruchtbarkeit und der Gebärmutter, so dass sich Hebammen und Hexen gerne ihres Anblickes erfreuten. In ihrer Nähe fanden sich oftmals Kräuter, die sich für weibliche Leiden und Schwangere als nützlich erwiesen. Kröten leben vorzugsweise in der Nähe von Gewässern und abgelegenen Sümpfen, wo die weisen Frauen ungestört ihrer suchenden Tätigkeit nachgehen konnten. Aus diesen Gründen fanden geheimnisvolle und verbotene Feste oftmals an diesen Orten statt, damit sich die Teilnehmer auf ihren geheimen „Krötenpfaden" unverzüglich dem Zugriff ihrer Verfolger entziehen konnten. Die geheimnisumwobene Heilkunst und Arzneikunde dieser Frauen musste nach christlicher Anschauung demnach direkt mit dem Teufel in Verbindung stehen. Einige Mönche, die gerne dieses Wissen der Kräuter-Frauen übernahmen, begannen hinter den Mauern ihrer Klöster selbst damit, Kräuter anzubauen. Meist jedoch wurden die Frauen zum Sündenbock für alle Unglücke und Krankheiten erklärt, die nur durch beschworene böse Geister unter Mensch und Vieh gekommen sein konnten. So ging mit den durch den Irrsinn der kirchlichen Inquisition ermordeten Frauen ein Jahrtausende altes Heilwissen verloren, welches wir uns heute durch mühsames Erforschen erst langsam wieder zurückgewinnen müssen.

Vali

25. Vali, der Rächer

Vali ist ein Sohn **Odins** und der Riesin Rind(a). Man sagt von ihm, er sei tapfer im Streit, kühn in Schlachten und ein vorzüglicher Schütze. Neben seinem Halbbruder **Widar** ist Vali der einzige Ase, der die **Ragnarök** überlebt, um mit diesem später gemeinsam im Himmelspalast Gimle die Herrschaft über das neue **goldene Zeitalter** anzutreten. Bedeutung erlangt der Göttersohn dadurch, dass er schon einen(!) Tag nach seiner Geburt die Verfolgung jenes Mannes aufnimmt, der zuvor seinen Halbbruder **Balder** tötete, um diesen nun zu rächen. Es heißt, er kämme nicht sein Haar noch wasche er die Hände, bis er den Mörder seines Bruders zur Strecke gebracht habe. Solcherlei Beschreibungen findet man ebenfalls bei den **Berserkern**, wonach Männer gelobten, solange ihre Haare nicht zu schneiden, bis sie eine besondere Tat vollbracht oder Pflicht erfüllt hatten. In Valis Fall ist dies die nach altem Recht zu vollziehende Blutrache für ein Familienmitglied.

Die Geschichte beginnt, als Odin die bereits seit langem verstorbene Völva **Wala** durch einen Beschwörungszauber aus ihrem Grab hervorzwingt, um von ihr die Zukunft zu erfragen. Darauf wird dem Göttervater der Tod seines geliebten Sohnes Balder prophezeit. Weiter erfährt Odin, dass dieser Mord lediglich durch einen anderen Sohn gerächt werden könne, den er zunächst noch mit der Riesin Rind zeugen müsse. Darauf macht sich der Göttervater auf die Suche nach der genannten Riesin. Da diese sich jedoch sämtlichen Annäherungsversuchen widersetzt, greift Odin schließlich zu einem Zauber, wodurch es ihm gelingt, die Riesin zu schwängern.

Nach einer ausführlicheren Version des Schreibers Saxo erfährt Odin die zukünftigen Ereignisse von einem finnischen Wahrsager. Auch dort macht Odin sich auf, Rinda, die spröde Tochter eines Königs, zu umwerben. Als sie ihn abweist, verkleidet er sich der Reihe nach als Kriegsherr, als Goldschmied und schließlich als Kriegsheld. Als auch diese Bemühungen scheitern, schlüpft Odin in Frauenkleider und gibt sich als Heilkundige aus, wodurch es ihm schließlich gelingt, die durch Runenzauber gefügig Gemachte zu vergewaltigen. Die Schändlichkeit über dieses Vorgehen zieht darauf Odins Verbannung nach sich, worauf der Bogengott **Ullr** dessen Platz einnimmt. In Saxos Bericht trägt Vali den Namen Bous und muss selbst fallen, nachdem er den Mörder seines Bruders erschlagen hat.

Lofn

26. Lofn, die Tröstliche

Lofn ist nach **Freyja** eine Göttin der Liebe und Eintracht und wird von Snorri als eine der Asinnen aufgeführt. Von ihr wird erzählt, dass sie unendlich gütig und milde sei und darum gerne die Wünsche und Anrufungen verzweifelter Menschen erhöre, über die sie verständnisvoll lächelnd ihre segnenden Hände halte, um zu verhindern, dass keine fremde Macht sie wieder entzweie. Sie bekam einst von **Frigg** und Allvater **Odin** die besondere Erlaubnis, Zusammenkünfte zwischen Verliebten herbeizuführen, gerade wenn diese Hindernisse durch verschiedene Stände oder andere Nöte im Wege ständen. Nach ihrem Namen heißt die Erlaubnis „Lof" und wir erfahren, dass sie von den Menschen oft gelobt wurde, wenn sich zuvor entzweite und verloren gegangene Partner wieder gefunden oder versöhnt hatten.

Neben Lofn muss unweigerlich der Göttin Sjöfn gedacht werden, einer weiteren Asin, von der es heißt, sie sei eifrig darum bemüht, die Menschenkinder zur Liebe und geschlechtlichen Lust zu entflammen oder deren Sinne darauf zu lenken (vergleichbar dem Liebespfeile verschießenden Amor der Antike). Nach ihrem Namen wurde die Liebe auch „Sjofni" genannt, als jene sich zur Geschlechtsreife entfaltende Kraft, welche das Streben zweier Menschen nach Vereinigung herbeiführt.

In Snorris Auflistung der Asinnen leitete er Lofn und Sjöfn vermutlich aus den Kenningar ihrer mythischen Namen ab und folgerte daraus deren Tätigkeiten, die wohl ebenso gut als verkörperte Emanationen der Göttinnen Frigg und Freyja betrachtet werden können. Ansonsten tauchen Lofn und Sjöfn, neben einer kurzen Auflistung in den Merkversreihen der Thulur, in keinen weiteren Überlieferungen auf, und es ist recht unwahrscheinlich, dass jemals eine größere kultische Verehrung stattfand.

Snotra

27. Snotra, die Kluge

Snotra wird in der Edda als dreizehnte unter den Asinnen aufgezählt, wo sie als weise und von feinem Benimm geschildert wird. Hier erscheint sie im weißen Gewand einer jungfräulichen Priesterin, zurückgezogen vor der Welt hinter den dicken Mauern eines Schutz verheißenden Turmes. Ihre Hände umfassen eine weiße Lilie, Symbol der Reinheit und Keuschheit, jenen Tugenden, welchen sie sich verschrieben hat. Ein weißer Schwan, sehnsüchtiges Sinnbild der idealisierten Liebe, zieht einsam seine Bahnen in einem Teich unter ihrem Fenster.

Nach ihrem Namen sollen kluge Männer wie Frauen, denen die Mäßigkeit zu eigen ist, „snotr" gerufen werden. Neben der Tatsache, dass sie als eine der dienenden Jungfrauen der Göttin **Frigg** erscheint, ist nicht viel mehr über Snotra bekannt, die ihrer Genügsamkeit entsprechend, an keiner weiteren Stelle von sich Reden macht. Snorri, der als Verfasser der Prosaedda selbst nur über unvollständige Informationen verfügte, suchte die Eigenschaften jener unbedeutsameren Göttinnen wie Hlin, Syn, Saga, Vör oder War aus deren Namen abzuleiten. So dürfen die aufgezählten Göttinnen allenfalls als weibliche Schutzgottheiten gesehen werden, denen bestimmte Teilbereiche des häuslichen und privaten Lebens zugeordnet wurden, ähnlich der Verehrung, die lange Zeit dem Matronenkult zuteil wurden.

Snotras relativ junges Auftreten und Wesen ist offensichtlich schon durch die Etikette des höfischen Lebens geprägt, in welchem die aufkommenden christlichen Tugenden in zunehmendem Maße eine wichtigere Rolle spielten. Von den vier klassischen Kardinaltugenden: Tapferkeit, Gerechtigkeit, Klugheit und Mäßigkeit, werden ihr zumindest zwei zugeschrieben. Dass Jungfrauen gegenüber verheirateten Frauen eine überlegene Macht zugesprochen wurde (und teilweise noch immer wird), findet sich im Glauben zahlreicher Völker. Die vielgepriesene und hochgehaltene Keuschheit der Kirche, die zum Sinnbild eines sittsamen und gottesfürchtigen Lebens wurde, findet ihre Wurzeln in uralten Tempelkulten, wo die Initiantinnen und künftigen Priesterinnen ihr Leben und ihren Körper der großen Göttin weihten und, stellenweise als heilige Prostituierte zu deren ehrfürchtigen Vertreterinnen geworden, ihr Amt ausübten. Die traditionelle christliche Denkweise hingegen stützte sich vor allem auf die unbefleckte Empfängnis der Jungfrau Maria, die angeblich ohne „fleischliche Begierden" den heiligen Geist in sich empfangen hatte. Diese körperfeindliche Geisteshaltung stand der sinnlich betonteren Lebensweise des Heidentums stark ambivalent bis feindlich gegenüber. Verstärkt wurde das Idealbild des sittsamen und braven Burgfräuleins im späteren Mittelalter durch das Auftreten der fahrenden Minnesänger und Troubadoure, die mit ihrer schmachtenden Liebeslyrik die von der Welt weggesperrten Frauen noch bis ins Unerträgliche zu erhöhen wussten. So erzog man über Jahrhunderte hinweg junge Frauen zu gelangweilten Schoßhündchen, die sich ihrem zukünftigen, meist völlig unbekanntem Gatten, in Demut hinzugeben und unterzuordnen hatten.

Odins Gestalten, Helfer, Attribute und Abenteuer

Um sich einen genaueren Überblick von der Gestalt Odins/Wotans zu verschaffen, wird empfohlen, eine tiefere Analyse der vorhandenen Textquellen vorzunehmen. Erst eine Differenzierung seiner einzelnen Abenteuer, Attribute und Aspekte lassen die Komplexität dieses ureigensten Archetypen der germanischen Volksseele erahnen.

Odin ist Schicksals-, Kriegs- und Totengott, schamanischer Heiler und runenkundiger Zauberer, der die Künste der Illusion beherrscht. Er ist Sturm- und Wütegott, der es versteht, die Urkräfte im Menschen zu entfesseln, sie zu ergreifen vermag und ihnen Inspiration und Ekstase verleiht. Er hetzt sie aber ebenso als listiger Unruhestifter gegeneinander auf, um Anteile und ungenutztes Potential aus den Tiefen des Unbewussten hervorzuholen, die dort, seit langem verdrängt, ihrer Wiederentdeckung und Befreiung harren. Sein Wesen besticht durch einige Persönlichkeitsanteile, die von menschlichen Bedürfnissen durchdrungen und somit nachvollziehbar werden. Um an seine Ziele zu gelangen, ist er bereit, List und Täuschung einzusetzen und auch die sinnliche Seite kommt nicht zu kurz. Die drei wichtigsten Begebenheiten, sein Selbstopfer an der Weltenesche, der Einblick in Mimirs Brunnen und der Raub des göttlichen Skaldenmets Odrörir, malen uns ein Bild, das als mythische Metapher auf entscheidende Prozesse innerhalb der seelischen Entwicklung verstanden werden kann. Die innere Bereitschaft, Opfer zu erbringen und das damit verbundene Leid zu akzeptieren, sind der Preis für Weisheit und Bewusstsein. Die Wiedererlangung des göttlichen Inspirationsfunkens (Odrörir) aus den Tiefen der sich widersetzenden Materie veranschaulichen, welche Schritte zuweilen vonnöten sein können, um den heiligen Moment der Ekstase einer lebensfeindlichen, ängstlich gewordenen und in Konventionen erstarrten Gesellschaft zu entreißen.

Als maskierter Wanderer durchschreitet Wotan rastlos die Welten, stets auf der Suche nach neuem Wissen und zeitlosen Erkenntnissen, die er bereit ist, an jene weiterzureichen, die mutig genug sind, hinter die Bilder ihrer eigenen Wahrheit zu blicken. Führt er auf seinen Reisen den Wanderstab, hält er als Herrscher und Kampfgott den Speer in seiner Faust. Ausdruck seines unabdingbaren Willens, der es versteht, die flammenden Energien seines magischen Selbst zu bündeln und auf das Ziel seiner Wahl zu richten. Als Eigner des Wunschringes Draupnir offenbart sich seine Macht in der Handhabung des Finanziellen, einer aus sich selbst schöpfenden Quelle, die im ständigen Fluss bleiben muss. Als Walvater und Schicksalsgott schickt er seine Walküren nach Midgard, damit diese jene Helden auserkiesen, welche er zu sich ruft. Im Gewand des dunklen Jägers stürmt er als wütender Windgott durch die Lüfte, um an der Spitze seines wilden Heeres den fruchtbaren Keim des Neuen zu bringen. Alles Alte, Überholte und nicht wahrhaft Verwurzelte reißt er hinfort. Schließlich erscheint er als wunschgewährender Segensspender, der die Heiligkeit des dunkelsten Tages begrüßt und den vergangenen Zyklus beendet.

Hangatyr

28. Hangatyr, der Hängegott

Hangatyr, der gehängte Gott, ist ein Name **Odins**, den dieser durch sein Opfer an der Weltenesche **Yggdrasill** erhält. Neun Tage und Nächte lang hängt er freiwillig hungernd und durstend zwischen den Welten am windigen Weltenbaum, sich selbst geweiht. Nach Ablauf dieser Zeit offenbart sich ihm das Geheimnis der Runen. Auf dem Bild umschließt seine Linke die Not und Leiden beinhaltende zehnte Rune Naudhiz, die gleichzeitig aber die Einsicht der durch Schmerz erfolgenden Not-Wendigkeit und Auflösung des Schicksals verheißt. An Odins Seite baumelt der Speer **Gungnir** herab, den sich der Gott zuvor selbst in den Körper gestoßen hat. Die Wunde und das herausfließende Blut schwächen ihn einerseits, öffnen auf anderer Ebene aber seinen physischen und mentalen Leib, um ihn empfänglich zu machen für die Visionen aus der Quelle allen Seins. Mit einem Aufschrei stürzt er schließlich herab und nimmt ächzend die Runen auf. In der Edda erfolgt im Anschluss daran eine Aufzählung von Zaubersprüchen, die sich auf die zuvor erschauten Stäbe beziehen. Dieser Mythos ist neben der Sage von **Mimirs Brunnen** und der Gewinnung des Dichtermets **Odrörir** (s. auch **Swafnir**), Odins wichtigste Handlung zur Erlangung von Wissen und Weisheit.

Odins Hängeopfer ist ein Weg, wie ihn Schamanen, Initianten und eigenwillige Suchende seit Jahrtausenden begehen. Wie bei den meisten archaischen Kulturen galten bei vielen Germanen Opferhandlungen als Ausdruck ihres tiefsten Glaubens. Je größer und wertvoller das hingegebene Opfer, desto wohlgewogener die Gottheit. Entsprachen die folgenden Ereignisse nicht den Erwartungen, galten die Gaben als minderwertig oder nicht angenommen. Des Göttervaters Hängeopfer erlangt somit in vielfacher Hinsicht Bedeutung, da es zum Einen von ihm selbst gewählt und inszeniert wird, zum Anderen, weil es zum Vorbild für die gängigste Odinsverehrung wurde. Das Darbringen von Weiheopfern durch Erhängen und Aufspießen mit einem Speer, ist durch verschiedentliche Berichte traditionell belegt. Dabei wurden vorwiegend Kriegsgefangene oder auch Sklaven geopfert, welche die jeweiligen Sieger in sogenannte „Fleischbäume" hängten und diese zu Ehren Odins mit dem Speer erstachen. Selbst von alten, gebrechlichen Leuten wird berichtet, dass man sie auf eigenen Wunsch mit dem Speer tötete, auf dass Odin sie noch nach Walhall (s. **Walküren**) holen möge.

Odin, der auch die Namen „Hangi", „Hangagud" oder „Gálga Valdr" trägt, galt somit lange Zeit als Gott der Toten und Gehängten. Für das Aufhängen am Galgen wurde gerne das Kenning „reiten auf dem Rosse" verwendet, wodurch im Mythos die Weltenesche gleichzeitig zu Odins „Reittier" wurde (s. auch **Sleipnir**). Die Alraune (Mandragora), eine knollenartige Pflanze, trug den Beinamen „Galgenmännlein", da sie dem Volksglauben nach unter Galgenbäumen an jener Stelle entstand, wo der letzte Samenerguss des Verurteilten auf den Boden getropft war. Die Pflanze, die manchmal Ähnlichkeit mit dem Körper eines Menschen hatte, galt als wertvolles Heilmittel, da ihr ein großer Teil der konzentrierten Lebenskräfte des Verurteilten zugesprochen wurden.

In einem heiligen Hain im schwedischen Uppsala, sollen im ersten Jahrtausend angeblich alle neun Jahre innerhalb von neun Tagen insgesamt zweiundsiebzig Tiere und Menschen den Göttern geopfert und aufgehängt worden sein.

Mimirs Brunnen

29. Mimirs Brunnen

Mimir ist ein alter weiser Riese, der unter den Wurzeln der Weltenesche **Yggdrasill** lebt. Er ist der Wächter und Hüter über einen Brunnen, dessen Wasser einem Erkenntnisse in die Geheimnisse des ewigen Seins beschert. Jeden Morgen nimmt der Riese aus einem Horn einen tiefen Schluck von dem Wasser, das direkt aus der Urquelle des Weltenbaumes fließt, weshalb manche Forscher schon die Vermutung äußerten, dass Mimirs Quell mit dem Brunnen der Urd, einer der drei **Nornen**, identisch ist.

Einst sucht **Odin** den Riesen auf, da ihn Kunde ereilt hat von dessen großer Weisheit. Als er diesen nun um einen Schluck aus der Quelle bittet, verlangt Mimir einen Gegenwert für das zu erhaltende Wissen. Darauf gibt der Gott eines seiner beiden Augen hin und tauscht damit einen Teil seiner äußeren Sichtweise gegen den Erhalt der inneren Sicht. Mit diesem Wissen ausgestattet, zieht Odin daraufhin wieder von dannen, während sein Auge von nun an als Pfand auf dem Grund der Quelle ruht.

Eine weitere Begebenheit berichtet von Mimir, wie dieser nach Beendigung des großen Krieges zwischen Wanen und Asen als Friedensgeisel ausgetauscht wird. Die Asen entsenden Mimir und Hönir zu den Wanen und erhalten von diesen dafür im Gegenzug **Njörd** und **Freyr**. Die Wanen sehen sich jedoch durch Hönirs Entscheidungsunfähigkeit betrogen und schlagen aus Rache Mimir den Kopf ab und senden ihn an die Asen zurück. Darauf salbt Odin des Riesen Haupt mit zauberkräftigen Kräutern ein und spricht magische Formeln darüber, so dass es fortan vor Verwesung geschützt und somit als weiser Ratgeber erhalten bleibt.

In einer Strophe der älteren Edda wird erzählt, wie auf einer Ratsversammlung Mimirs Kopf die Ehre zuteil wird, das Thing (Ratsversammlung) zu eröffnen: „So sprach Mimirs Haupt weise und wahr." Als schließlich die Ereignisse der bevorstehenden **Ragnarök** ihre dunklen Schatten vorauswerfen, heißt es in der Völuspa: „Odin murmelt mit Mimirs Haupt". Diese Methode der Befragung weist auf ein sehr altes Orakel aus Asien hin, bei dem der Schamane versucht, durch die rituelle Verwendung des Schädels seines Vorgängers, Kontakt zu den Ahnen und deren zu Lebzeiten erworbenem Wissen aufzunehmen. Die Geschichten und Mythen von abgetrennten, sprechenden Köpfen sind ein Hinweis auf die sich immer wieder regenerierenden und erneuernden Kräfte der Natur, die aufzeigen, dass nichts Wirkliches verloren geht.

Laut Snorri wurde bei gemeinschaftlichen Opfermahlen an die Götter, ein sogenannter „Minnitrank" (Andenken, Erinnerungstrunk) umhergereicht, mit dessen Genuss den Taten der Ahnen gedacht und gedankt wurde. Im Mittelalter entwickelte sich hieraus vermutlich der Minnetrank, der später gänzlich in der Liebeslyrik aufging.

Swafnir

30. Swafnir, der Verschlagene

Swafnir nennt sich der Göttervater, als er sich nach Jötunheim begibt, um dort einem Riesen den Ekstasemet **Odrörir** zu entwenden. Dieser Zaubermet war zuvor von zwei Zwergen gebraut worden und später in den Besitz des zaubermächtigen Riesen Suttung gelangt, der ihn von den beiden Zwergen als Wergeld (Entschädigung) für seinen ermordeten Vater erzwang. Besorgt darüber, dass der mystische Trunk auch ihm gestohlen werden könne, schüttet der Riese den Met in drei Gefäße und verbirgt diese tief im Inneren eines Berges mit Namen Hnitbjörg (Stoßfelsen). Als Wächterin setzt er seine Tochter Gunnlöd daneben. Da die Grundsubstanz des Mets einst aus dem Speichel der Götter gewonnen ward, macht sich der Göttervater **Odin**, nachdem die Kunde über den Verbleib des Getränkes nach Asgard gelangt ist, sogleich auf den Weg, um diesen für die Göttergemeinschaft zurückzugewinnen. Zunächst verkleidet sich Odin als einfacher Handlanger und nennt sich Bolverkr (Unheilwirker). Nachdem er neun riesische Feldarbeiter dazu gebracht hat, sich gegenseitig umzubringen, tritt er für einen Sommer in die Dienste des Riesen Baugi (der Krumme), der ein Bruder des Suttung ist. Als Lohn für seine neunfach zu leistende Arbeit bedingt sich Odin lediglich einen Schluck vom besagten Dichtermet aus, den Baugi ihm auch zugesteht.

Als das Jahr jedoch um und die Arbeit getan ist, verweigert Suttung seinem Bruder, den Met auch nur anzurühren. Stattdessen beschließt er, den Berg noch weiter zu verstärken. Während der Riese nun damit beschäftigt ist, gewaltige Felsbrocken vor den Eingang zu rollen, bohrt Odin mit einem Bohrer ein tiefes Loch ins Gestein und nimmt die Gestalt einer Schlange an, wodurch es ihm gelingt, bis zu Suttungs Tochter vorzudringen. Dieser stellt er sich als Swafnir vor. Die vereinsamte Gunnlöd, hocherfreut über den seltenen Besuch, nimmt den stattlichen Recken freundlich auf. Nachdem Swafnir drei Nächte unbemerkt bei der Riesin gelegen hat, gewährt sie ihm, drei Schlucke vom Skaldenmet zu nehmen. Doch stattdessen leert der Göttervater alle drei Gefäße auf einen Zug, entflieht zur Spitze des Berges und verwandelt sich in einen Adler, um darauf mit dem geraubten Met gen Asgard zu fliegen. Als Suttung den Raub bemerkt, verwandelt er sich ebenfalls in einen riesigen Adler und jagt dem Göttervater wütend hinterher, während die betrogene Gunnlöd traurig zurückbleibt. Schließlich gelangt Odin nach Asgard, wo er vom Himmel aus den Met in bereitstehende Kessel speit. Der Riese hingegen kann seinen raschen Flug nicht mehr abbremsen und stürzt mitten in die Festung der Götter hinein, wo er von diesen sogleich erschlagen wird.

Odin als Gott der Inspiration und Dichtkunst gilt seitdem als Verwalter des Mets. Die verschütteten Tropfen, die bei seiner Flucht auf die Erde fielen, nennt man daher „Teil der Dichterlinge". Eine Umschreibung für das Finden der Muse, Poesie und Inspiration, welche jenen zugänglich wird, die auf die verlorenen Mettropfen stoßen.

Grimnir

31. Grimnir, der Maskierte

Grimnir ist einer der vielen Decknamen, den **Odin**/Wotan führt, wenn er auf Midgard, der Welt der Menschen, umherwandert. Der Göttervater, der Gestalt und Aussehen nach Belieben zu wechseln vermag und in einem Augenblick in ferne Lande, in die Gestalt eines Menschen oder Tieres fährt, ist nicht nur Schamane, Skalde und Kriegerfürst, er gilt auch als unbestechlicher Prüfer, der erscheint, um seine Anhänger und Günstlinge auf ihre Standfestigkeit und Grundsätze hin zu erproben. Unbarmherzig ist er jenen gegenüber, die ihn zu hintergehen versuchen oder sich durch Dummheit, Feigheit, Geiz und Ignoranz sein Wohlwollen verspielen.

Die Geschichte beginnt, als die Göttin **Frigg** vor ihrem Gatten Odin behauptet, dessen Günstling, König Geirröd, sei ein schmutziger Geizhals, der seine Gäste beleidige und quäle, wenn ihm deren zu viele kommen. Das sei arge Lüge, versetzt Odin daraufhin. Darüber gehen sie eine Wette ein und Odin begibt sich in Gestalt eines einfachen Wanderers unter dem Namen Grimnir an König Geirröds Hof, um diesen auf seine Gastfreundlichkeit hin zu prüfen. Zuvor aber schickt Frigg eine Botin zu Geirröd und lässt diesem die Nachricht überbringen, ein böser Zauberer werde ihn aufsuchen. Als Grimnir nun auftaucht, lässt der König ihn ergreifen und von seinen Wachen zwischen zwei Feuer setzen. Acht Tage und Nächte sitzt Grimnir darauf ohne jegliche Bewirtung grimmig schweigend da, während ihm Geirröd mit gezücktem Schwerte gegenübersitzt, um dem Fremden so ein Geständnis über seine wahren Absichten abzuringen. Doch erst am neunten Tage erhebt Grimnir die Stimme und gewährt dem argwöhnischen König durch seine Reden einen Einblick in die Welt der Götter. Geschickt lenkt der Allvater seine Worte so, dass Geirröd ihn gegen Ende der Erzählung erkennen muss. Als der König darauf erschrocken aufspringt, um seinen Gast vom versengenden Feuer wegzuziehen, stolpert er jedoch über sein eigenes Schwert und stürzt sich zu Tode. Geirröds Sohn Agnar, der als einziger dem Gast einen Becher Met während dessen Folter reichte, herrscht von nun an und erlangt die Gunst des Gottes, die sich der Vater zuvor verspielt hat.

Zahlreich sind die Fabeln und Geschichten um den auf Erden wandernden Göttervater, der unter falschem Namen und allerlei Verkleidungen, in mannigfaltiger Weise zum Erprober und Verderber irdischer Könige und Helden wird. Als Reisender kehrt er in mancher Fürstenhalle ein und lohnt Gastfreundschaft mit dem reichen Schatz seiner Lebensweisheit, die er am Feuer in Form von Versreimen und Liedern zum besten gibt. Unter anderen Namen erscheint er auch niedrig gestellteren Menschen als Retter in der Not, die zuvor seine Hilfe erfleht haben. Diese Eigenschaften finden sich noch in der etwas abgewandelten Gestalt des Rübezahls, dem wilden schlesischen Berggeist, der für seine Strenge gefürchtet und für seine Gaben gepriesen wurde.

Gungnir

32. Gungnir, der Speer

Gungnir, der Götterger, ist die Hauptwaffe des Allvaters. Er wurde einst von den Zwergen geschmiedet und gilt seitdem als **Odins** zentrales Machtsymbol. Von Gungnir heißt es, er halte nie im Stoße inne und verfehle niemals sein Ziel. Gungnir ist jener Ger, den Odin zu Beginn einer Schlacht mit dem Ruf: „Odin hat euch alle" über das Gegnerheer wirft, wodurch alle Feinde, über deren Köpfe er fliegt, dem Tode geweiht sind. Daraufhin erscheinen des Walvaters Töchter, die **Walküren**, um die Toten zu kiesen (auszuwählen), welche der Gott zuvor bestimmt hat. Auf ihren Himmelsrossen reiten sie über die Walstatt und schleudern ihre Speere auf die Erwählten. So lautet ein bekanntes Kenning für die Schlacht „Gewebe des Speers". Odin, der Führer der in der Schlacht Gefallenen, wird damit zum Kriegsgott, der über Sieg und Niederlage entscheidet. Deshalb nennt man ihn Sigvadr (Siegvater) und Siggautr (Sieggott).

Da Odin sich selbst einst bei seinem Hängeopfer mit dem Speer verwundete (s. **Hangatyr**), erachtete man den Speertod als Odins persönliches Blutopfer. Es gibt Hinweise darauf, dass mancherorts eine regelrechte Speerreligion existiert haben muss. Krieger fügten sich mit dem Speer selber blutige Wunden zu, um sich durch ihren geopferten Lebenssaft der Hilfe des Gottes zu versichern. Mit dieser Weihemarkierung galten sie fortan als Eigentum **Odins**, dem sie sich bedingungslos ergeben hatten. Fortan brauchten sie den Tod nicht länger zu fürchten, da sie danach in das phantastische Kriegerparadies Walhall aufstiegen.

Wenn Odin als Siegvater auftritt, erscheint er meist unwillkürlich und ist zumeist mit Hut und blauem Mantel ausgestattet. So in der Wölsungensage, wo er plötzlich mitten im Kampfgewimmel seinem Günstling Siegmund gegenübersteht. Dessen Schwert Gram (Sigurd/**Siegfrieds** spätere Waffe) zersplittert an der Lanze des Fremden und wendet so das Schlachtengeschick. Siegmund stirbt, worauf Odin ihn nach Walhall heimholt. In der Helgakvithasaga opfert ein Mann Namens Dag dem Odin, um Rache für seinen Vater zu erlangen, darauf leiht Odin ihm seinen Speer. Im Walde trifft Dag auf seinen Gegner Helgi und durchbohrt ihn mit der Waffe, wodurch dieser zu Odins Sälen aufsteigt. Auch Richard Wagner griff den Speer als schicksalswirkendes Symbol auf, der für Odins/Wotans Herrscherkräfte stand und zerspringen musste, wenn alte Eide brachen.

Adolf Hitler, der sich zuweilen mit den Mythologien der Völker beschäftigte, zeigte ebenfalls großes Interesse an einem bestimmten Speer. Die legendäre Lanze des Legionärs Longinus, welche dieser dem leidenden Christus am Kreuze in die Seite gestoßen haben soll, hatte es ihm angetan, weil er sich von deren Wirkung manches erhoffte. Schon andere Heerführer hatten in der Vergangenheit heilige Lanzen vor ihrer Armee hertragen lassen, um so die Kampfmoral und das Siegesglück ihrer Truppe zu stärken.

Draupnir

33. Draupnir, der Tröpfler

Draupnir, der kostbare goldene Götterring, wurde von den beiden in der Schmiedekunst bewanderten Zwergen **Sindri** und **Brokk** gefertigt. Aufgrund einer Wette mit **Loki** erhält ihn der Göttervater als Geschenk. Die besondere Eigenschaft des Ringes ist das Abtropfen von acht ebenso schweren Ringen in jeder neunten Nacht, was Draupnir zum Inbegriff des sich aus sich selbst mehrenden Reichtums macht. Ob es sich bei dem zaubermächtigen Kleinod um einen Finger- oder Armring handelt, konnte bis heute allerdings nicht geklärt werden. Zwei weitere Qualitäten werden dem Ring nachgesagt. Zum Einen soll er als Wunschring fungieren, zum Anderen seinem Besitzer Unsichtbarkeit verleihen. In der Edda, aber auch auf Gotländischen Bildsteinen finden sich verschiedene Hinweise auf den Ring, der zuweilen auch schon mal seinen Besitzer wechselt. So lautet beispielsweise ein Kenning des Gottes **Balder** „Draupnir eigandi", seit ihm der Göttervater den Ring aufs Sterbebett legte.

Auch das Ablegen von Ringeiden ist bei den Germanen nachweislich überliefert und zeigt, wie sich manche alte Traditionen bis in die Gegenwart erhalten haben. In erster Linie galt der Ring als Beweis für Eigentum und Zugehörigkeit. Ein Siegelring wurde zumeist weitervererbt und rechtfertigte so die Besitzansprüche seines Inhabers. Vielerorts werden Tiere nach wie vor beringt, um sie auf diese Weise zu kennzeichnen. Sklaven legte man Hals- oder Armreifen an, um sie an Ketten in Gewahrsam zu halten und sie als „Unfreie" sofort erkennen zu können. Laut Tacitus wurden beim Volk der Chatten einzelne Männer mit eisernen Fingerringen versehen, um sie rituell an **Odin** zu binden, wenn sie sich in **Berserker** verwandelten.

Im Skirnirlied reitet **Skirnir**, der Freund und Bote des wanischen Gottes **Freyr**, für diesen auf Brautschau ins Riesenland. Neben einer Reihe anderer Dinge bietet er dort Draupnir der Riesentochter **Gerda** als Hochzeitsgeschenk an, falls diese dem Antrag seines Herren zustimme. Allerdings lehnt das Mädchen mit der Begründung ab, selbst schon genug Gold zu besitzen.

An anderer Stelle wird berichtet, wie man die Leiche des Gottes **Balder** nach dessen Ermordung auf einen Holzstoß legt, den man auf dem Schiff Hringhorni errichtet. Bevor das Schiff angezündet und der See übergeben wird, übergibt Odin seinem toten Sohn besagten Ring. Mit dieser Machtlegitimation ausgestattet, fährt Balder hinab zur **Hel** ins Totenreich, wo er seinem Rang entsprechend aufgenommen wird. Später wird Hermod, ein anderer Sohn Odins, damit beauftragt, in die Hel hinabzureiten, um dort um Balders Rückkehr zu verhandeln. Hermod trifft auf den Verstorbenen, der ihm darauf Draupnir für seinen Vater mitgibt, wodurch der Ring wieder zu Odin gelangt.

Auch in vielen Märchen und Geschichten sind die Erinnerungen an verwunschene und zauberkräftige Ringe bis heute bewahrt, wo sie gewöhnlich eine enge Verbindung zu den Kräften ihrer Schöpfer und / oder der eigenen Seele besitzen.

Walküren

34. Walküren, Odins Töchter

Walküren (nordisch Valkyrja) sind die „Wählerinnen der Toten" und werden allgemein als **Odins** Töchter und/oder Helferinnen bezeichnet. Sie erfüllen des Göttervaters Wünsche, führen seine Befehle aus und bestimmen über Sieg und Niederlage von ganzen Kriegsheeren. Als Wohnsitz der Frauen wird Wingolf, die Halle der Freundschaft, angeführt. Das Wort „Valkyria" entstand im Norden und wurde später allgemein übernommen. Die Wal bzw. Walstatt bezeichnet das Schlachtfeld, manchmal auch die Anzahl der Gefallenen. Wenn die Kämpferinnen nach der Schlacht die „Wal kiesen", erküren sie die toten Helden, die sie alsdann nach Asgard ins Kriegerparadies Walhall (Totenhalle) geleiten. Dort, in der Halle der Gefallenen, begrüßt der Göttervater die toten Krieger als Einherjer (Einzelkämpfer), um sie für den großen Endkampf, die **Ragnarök**, um sich zu scharen.

Ursprünglich waren die Walküren gefürchtete Disen (auch Geister oder Feen), die als dunkle Totendämonen in blutigen Gewändern und von Raben begleitet auf dem Schlachtfeld umherstreiften, um sich am brutalen Gemetzel der Krieger zu erfreuen, von deren Blut sie sich Vampiren gleich ernährten. Im Laufe der Jahrhunderte wandelten sie sich jedoch zu jenen strahlenden Schutzengeln, die einen beim Überschreiten der Todesschwelle in Empfang nehmen. Die blutige Walstatt wurde in der Vorstellung vieler Kämpfer zu einer Art Wettkampfarena, die somit ein angenehmes Leben nach dem Tod in Aussicht stellte. Dieses Walhall soll mit unzähligen Schilden und Speeren ausgestattet sein und 540 Tore besitzen, durch die am Weltenende je 800 Einherjer ziehen werden. Die Kämpfer trinken den nie versiegenden Met der Ziege Heidrun, der ihnen von den Walküren gereicht wird. Der Koch **Andhrimnir** sorgt durch seine magischen Kochkünste für das leibliche Wohl der Männer. Diese poetische Beschreibung der Kriegerhalle vermittelt ein farbenprächtiges Bild davon, wie sich die von ständigem Kampf dominierten Menschen ihr Paradies vorstellten.

In zahlreichen Sagen und Liedern wird von den Speer und Schild schwingenden Mädchen berichtet, die auf ihren fliegenden Rössern durch den Himmel reiten, um Schicksalsgewebe zu wirken. In dieser Funktion gleichen sie den **Nornen**, doch während diese meist sitzend das Schicksal weben, reiten die Walküren in den Krieg, dessen Ausgang nicht selten über das Schicksal ganzer Stämme und Völker entschied.

Im Lied von Wieland, dem Schmied (Wölundlied), tauchen drei Walküren als Schwanenmädchen auf. Beim Baden entledigen sich die Jungfrauen ihrer Kleider aus Schwanenfedern, die sie zum Fliegen benötigen. Einige Männer, die es nach ihnen gelüstet, rauben diese Gewänder, was zur Folge hat, dass die drei Mädchen sieben Jahre festsitzen und ihren Aufgaben so nicht nachgehen können, was später zu einem blutigen Ausgang der Geschichte führt. Die Männer versuchen, ihr eigenes Schicksal zu verändern, was aber letztlich scheitern muss. In der Sigurdsage ist es die Walküre **Sigdrifa**, die im Verlauf eines Liebesaktes den Helden Sigurd (**Siegfried**) in die Mysterien der Runen einweiht.

Wuotans wilde Jagd

35. Wuotans wilde Jagd

Wuotans wilde Jagd beschreibt den nächtlichen Jäger, der an der Spitze seines dämonischen Heeres in stürmischen Nächten durch die Lüfte galoppiert. Dieses Geisterheer besteht aus wilden Tieren, vornehmlich schwarzen Hunden oder Wölfen. Ihre Beute ist gewöhnlich der Hirsch oder der Eber, welcher die Fruchtbarkeit der Erde versinnbildlicht, die nun den lebensverneinenden, dunklen Kräften weichen muss.

Vielerorts war es üblich, nach der Ernte ein Ehrenbüschel für den Gott und sein Pferd stehen zu lassen. Durch diese Korngabe wurde seine Gunst und Fruchtbarkeit für das kommende Jahr erbeten. Es heißt, wer nichts stehen ließ, über dessen Felder ging der gespenstische Kornverderber. Auch Wuotans Pferd, der „Waudlgaul" (s. **Sleipnir**), trug den Keim des Lebens mit sich. Es stürmte windgleich durch die Wolken und verteilte die Samen und Pollen der Pflanzen und Bäume über das ganze Land. Am Wodenstag (Mittwoch) sollte man keinen Lein jäten, damit des Gottes Pferd den Samen nicht zertrete.

In den vielerorts entstandenen Sagen über die wilde Jagd verbinden sich mehrere Vorstellungen. In erster Linie die vorherrschende Angst vor den vernichtenden Kräften der Natur, die vor allem in der dunklen Jahreszeit in Form heftiger Unwetter losbrechen und dadurch die Seelen der Toten und Verdammten zu entfesseln wissen, deren Stimmen während der heulenden Winterstürme „deutlich zu vernehmen waren". Hinzu kamen das reale gewalttätige Vorgehen kriegerischer Männerbünde, die durch ihre Rüge- und Strafaktionen, Angst und Schrecken verbreiteten. Was ihnen auf ihren nächtlichen Streifzügen begegnete (Ackergerät, Wägen usw.), wurde zerstört oder sturmartig mitgerissen und fand sich am nächsten Tag in den luftigen Höhen von Baumkronen oder auf Dächern wieder.

Wenn Wuotans wütendes Heer oder er selbst auftauchten, geschah es fast immer, dass kurz darauf größere Ereignisse, wie zum Beispiel eine Schlacht eintraten. In einer Geschichte wird von einem Schmied berichtet, der des Nachts von einem Reiter aufgesucht wurde, welcher ihn bat, sein Pferd zu beschlagen. Der Schmied, ein einfacher Mann, staunte nicht schlecht, als sich sein Auftraggeber nach getaner Arbeit zu erkennen gab, indem er sich mit einem Satz in die Lüfte erhob.

Es gibt noch einige bekannte Wodansberge in Deutschland, die zum Einen als Kultstätte, zum Anderen als unterirdischer Wohnsitz für das gespenstische Geisterheer gedient haben sollen. Der alte Volksmund besagt, dass in diesen Bergen die Seelen einstiger Heere darauf warten, bis sie von ihrem Herren (dem Alten vom Berg) gerufen werden, um mit ihm gemeinsam in die letzte große Schlacht, den **Ragnarök** zu ziehen. Die Volkssage bewahrte das Bild der wilden Jagd in so bekannten Sagen und Erzählungen wie dem ewigen Jäger vom Winendael, der Sage vom verfluchten Jäger Hackelberg, dem Schimmelreiter oder dem schweizerischen Dürstengejeg.

Oski

36. Oski, der Wunschgewährer

Oski ist einer der zahlreichen Namen, die den Göttervater in seinen vielen Aspekten beschreibt. „Osk" bezeichnet den „Wunsch" und weist **Odin** als den „Erfüller der Wünsche" aus, der hier in seinem ausnehmend freundlichen Aspekt als Spender von Segen und Fruchtbarkeit auftritt. Jacob Grimm war der Ansicht, dass sich hierin die Überreste altheidnischen Glaubens wieder finden, den die Skalden damaliger Zeit als den „reinen Wunsch" personifizierten, um ihn als ein freundliches aber auch gewaltiges, schöpferisches Wesen darzustellen. Die Kirche ersetzte Oski später durch die Gestalt des heiligen St. Nikolaus, dessen Fest bis heute am 6.Dezember begangen wird. In Holland tritt diese Überlagerung noch am auffälligsten zu Tage. Dort reitet Santa Claus mit Stab, Hut und Mantel bekleidet auf seinem Schimmel einher. Begleitet wird er von seinen Dienern, zwei Mohren, die ihm helfen, die Geschenke für die Kinder in den Kamin zu stecken. Odin/Wotan auf seinem Götterpferd Sleipnir durch die Lüfte stürmend, flankiert von seinen beiden Raben **Hugin** und **Munin**, ausgestattet mit Speer, Mantel und Schlapphut machen offensichtlich, wer hier als Vorbild diente.

Odins Speer **Gungnir**, der sich als Oski, je nach Anlass, zum Stab oder zur Rute wandelt, ist ein weiteres wichtiges Symbol. Das Frisch- und Gesundschlagen mit der Lebensrute, die zumeist aus Haselstrauchzweigen oder Birkenreisern bestand, galt als besonders heilkräftig, da hierdurch die verdrießlichen und „bös zwackenden" Geister der dunklen Jahreszeit verjagt werden sollten. Das Christentum wandelte den einstigen Brauch jedoch vielerorts zur Strafaktion für ungehorsame Sünder um. Schon früh wird diese zaubermächtige Rute/Stab erwähnt, durch deren Anschlagen nicht nur Gesundheit, sondern auch Reichtümer und Vollkommenheit auf einen übergehen sollten. Heute finden wir Überreste dieses Glaubens in der Bezeichnung der „Wünschelrute".

Odins Ring **Draupnir** besitzt durch seine Eigenschaft des Vermehrens ebenso die Qualitäten eines Wunschringes, der ihm ewigen Reichtum sichert. Weiter ist der Name „Oskmaeyar" eine Bezeichnung für die **Walküren**, die als sogenannte „Wunschmädchen" die gefallenen Helden ins Kriegerparadies Wallhall geleiten.

In der Edda taucht der Name Oski im Grimnirlied und ebenso in den Thulur, einer Aufzählung verschiedener Namen und Begebenheiten, auf. Vor allem im Volksglauben lassen sich bis heute eine ganze Reihe von Hinweisen auf Odin/Wotan in seinem Aspekt als Oski finden, der in der Zeit vor der Wintersonnenwende zu den Menschen hinabsteigt, um den Brauch des gegenseitigen Beschenkens zu pflegen, da ein solcher Austausch starke Bande innerhalb der Gemeinschaft sichert. Das gemeinsame Zusammenkommen unterm Weihnachtsbaum zu Ehren der Geburt Christi, wurde gleichfalls auf das heidnische Julfest gelegt. Der immergrüne Tannenbaum, Symbol des ewigen Lebensbaumes **Yggdrasill** wird geschmückt und erleuchtet und erinnert so bis heute an eines der ältesten Rituale der Welt, in dem die Menschen das erhaltene Lichtgeschenk der Götter feiern, das ab diesem Tage wieder voller wird.

Menschen, Zwerge und andere Gestalten

Da die Edda eine ganze Reihe interessanter Gestalten aufweist, welche die Götter- und Heldensage auf eindrucksvollste Weise zu bereichern wissen, sind einige von ihnen auf den nächsten Seiten aufgeführt.

Gullweig, die erste im Bunde, scheint höchstwahrscheinlich mit der Göttin Freyja identisch. Nach ihrer tragenden Rolle als „Verführerin" der Asen, deren hierdurch geweckte Gier nach Gold den ersten großen Krieg zwischen Wanen und Asen entfacht, taucht sie später nicht mehr auf. Allerdings ist zu erfahren, dass sie trotz dreimaligen Verbrennens nicht zu töten war. Diese Tatsache lässt auf außergewöhnliche magische Fähigkeiten schließen, wie sie auch den weiblichen Völvas nachgesagt wurde. Wala, die hier aufgeführte Seherin, ist allerdings schon lange tot und wird durch eine spezielle Form von Totenmagie durch den Göttervater aus ihren Grab gezwungen. Meister der verborgenen Künste sind auch das schmiedende Zwergenbrüderpaar, welches den Göttern zu einigen wertvollen Gegenständen verhilft, die darauf zu deren unverkennbaren Attributen aufsteigen. Skirnir, der Diener des wanischen Fruchtbarkeitgottes Freyr, verdient ebenfalls einen festen Platz in diesem bunten Reigen, da er sich durch Charakterzüge auszeichnet, über deren Vorhandensein bei einem Freund sich jeder glücklich schätzen darf. Die Berserker, furchterregende Krieger in Bärenfellen, bestechen durch ihre Wildheit und die Eigenart, ihr Leben gänzlich dem einäugigen Gott zu verschreiben. Andhrimnir, der sagenhafte Koch in den Küchen Walhalls, sorgt hingegen für das leibliche Wohl dieser verstorbenen Kriegerhelden und gemahnt der sinnlichen Genüsse des irdischen Daseins, die man sich gleichsam im Totenreich ersehnte. Odrörir, der berauschende Dichtermet, wird zur Quelle von Inspiration und Schöpferkraft, in welchen sich das Wirken der göttlichen Geisteskräfte offenbart. Weiter ist ein kindliches Geschwisterpaar vertreten, und den Abschluss bildet die sagenumwobene Gestalt eines schwedischen Königs, der sein Königreich in Skandinavien irgendwann aufgab, um sich einsam auf die Suche nach Asgard, dem Reich der Götter, zu begeben.

All diese Erscheinungen, ob göttlicher, menschlicher oder zwergischer Abstammung, sind Träger und Verkörperungen zeitloser Bilder, wie sie seit vielen Generationen die alten Fabeln und Märchen bevölkern und mit denen uns das Leben täglich konfrontieren kann. Sie spiegeln die Gefühle, Ängste und Hoffnungen in unserem Innersten und zeigen, dass sich menschliche Eigenarten im Wandel der Zeit weit weniger verändert haben, als wir oft glauben mögen.

Gullweig

37. Gullweig, die Goldreiche

Gullweig, die Goldreiche, lautet der Name einer mächtigen Zauberin und Seherin, deren Auftauchen in der Völuspa schon zu vielfachen Spekulationen führte. Ganze zwei Versreime liegen uns über Gullweig vor, dennoch geben diese einigen Aufschluss über ihr Wesen. Im Mythos erscheint die Göttin bei den Asen und erweckt durch ihr „goldreiches" Auftreten deren Neid und Gier nach dem glänzenden Metall. Da sie wähnen, dieses nur durch den Tod der vermeintlichen Zauberin bekommen zu können, stoßen sie Gullweig mit ihren Speeren und versuchen dreimal, sie zu verbrennen, was aber jedes Mal misslingt. All das geschieht in **Odins** Halle und es stellt sich heraus, dass als Folge dieser Tat der erste Krieg zwischen Asen und Wanen in die Welt kommt. Odin, der hier als Heervater betitelt wird, kann deutlich als Aggressor identifiziert werden, da er kurz darauf seinen Speer **Gungnir** über das feindliche Heer schleudert, welches die ruchlose Tat an ihrer schönen Priesterin zu rächen gewillt ist. Beide Völker richten untereinander großen Schaden an und man handelt schließlich einen Vertrag aus, bei dem Friedensgeiseln getauscht werden. Die Wanen schicken **Njörd** und seinen Sohn **Freyr**, während die Asen Hönir und den Riesen **Mimir** senden. Die Wanen halten dies aber für einen schlechten Handel und es kommt erneut zum Kampf, infolgedessen die Burg der Asen komplett zerstört wird. Ein zweiter Vertag bringt den weisen Menschen Kwasir (s. **Odrörir**) hervor und fortan herrscht Friede.

In Gullweig wird heute allgemein die Liebesgöttin **Freyja** vermutet, die von den Asen zunächst misshandelt wird. Erst später, nachdem Friede herrscht, sind die Götter bereit, Kult und Wissen der Wanen anzuerkennen und teilweise in ihre eigene, neue Weltordnung zu integrieren. Weiter ist zu erfahren, dass Gullweig in der Gestalt von „Heidh" zu Odins magischer Gefährtin wird, indem sie ihn in die Geheimnisse des Seidr einführt. Seidr ist eine schamanische Hexenkunst, die auch Teile von Sexualmagie beinhaltet, wo mit speziellen Praktiken altes Wissen von den Meister/innen auf ihre Initianten weitergegeben wird. Diese Form von weiblicher Macht, mit all ihren dunklen und geheimnisvollen Kräften, war möglicherweise der ausschlaggebende Grund dafür, dass die Asen die Göttin zunächst als Bedrohung erachteten und ihren Tod beschlossen. Das vollständige Vernichten einer angeblichen Hexe durch Feuer erhielt sich bekanntlich bis in die jüngere Vergangenheit.

Wala

38. Wala, die Seherin

Wala lautet der Name einer alten Völva, die von **Odin** nach der Zukunft befragt wird. Auffallend dabei ist, dass die Seherin bereits tot ist und nun, durch einen Totenzauber des Göttervaters erweckt, aus ihrem Grab hervorkommt. Wort um Wort muss Odin der widerwilligen Seherin ihr Zukunftswissen entreißen. Was er erfährt, gereicht ihm jedoch nicht zur Freude, da Wala ihm seine eigenen Befürchtungen über den bevorstehenden Tod seines geliebten Sohnes **Balder** und den darauf folgenden Weltuntergang durch die **Ragnarök** prophezeit.

Zahlreich sind die Erzählungen um Odin, der rastlos durch die Welten streift, stets davon getrieben, sich immer neues Wissen anzueignen. In der Erzählung von „Balders Träumen" berufen die Götter eine Versammlung ein, da Balder von dunklen Vorahnungen über sein bevorstehendes Ende geplagt wird. Während seine Mutter **Frigg** auf ihre Weise handelt, sattelt der Göttervater sein Pferd **Sleipnir** und reitet ins Totenreich Hel hinab. Am östlichen Eingang weiß er das Grab einer Völva. Er singt einen Leichenzauber, der die tote Seherin aus der Erde hervorzwingt. Daraufhin beantwortet sie unwillig die gestellten Fragen, erkennt Odin aber gegen Ende des Liedes, der sich ihr zuvor unter dem Namen Wegtam (der Weggewohnte) vorstellte. Sie fordert ihn auf, heimzureiten und sie bis zum Weltenende ruhen zu lassen. Dann zieht sie sich wieder in die kalte Starre ihres Gräberdaseins zurück.

Die Erweckung der Wala schließt sich stilistisch an die Erzählung der Völuspa an, in der eine alte Seherin die wichtigsten Ereignisse und Namen des Weltgeschehens wiedergibt. Während dieses visionären Monologs erfährt der Zuhörer, dass diese ihr Wissen auf Odins Geheiß mitteilt, der ihr dafür Schmuck zukommen ließ. In dem Lied „Grogaldr" (Groas Erweckung) ist es der Held Swipdag, der seine tote Mutter erweckt und sie auffordert, ihm ein heilkräftiges Lied zu singen, um ihm Rat für bevorstehende Ereignisse mitzugeben.

Der Volksglaube, dass gerade die Toten über zukünftige Dinge Bescheid wissen, war früher weit verbreitet und hat sich zum Teil bis heute erhalten. Die Völvas oder Volvas, die als mediale Vermittlerinnen zum Reich der Toten galten, wurden auch Seherinnen und Stabträgerinnen genannt (Volr = Stab), da sie stets einen Stab mit sich führten und die Kunst des „Stäbe Werfens" (Runenorakel) beherrschten. „Volva" hingegen bezeichnete die Gebärmutter einer Sau, aus deren Innereien man gerne die Zukunft las. Den Überlieferungen nach spielten die Seherinnen innerhalb der germanischen Gesellschaft eine gewichtige Rolle. Ihre Prophezeiungen und Ratschläge hatten selbst in der Politik großen Einfluss, da sie auf gewisse Weise die Absichten der Götter voraussahen.

In der grönländischen „Eiriksaga", die etwa im 10. Jh. entstand, wird der Auftritt und die Befragung einer umherziehenden Völva sehr detailliert beschrieben. Nachdem eine ansässige Frau durch ihren Gesang (vardlokkur) die Geister herbeiruft, verfällt die geladene Völva in Trance und gibt den Anwesenden Einblicke in die Zukunft. Eine Art Zaubergerüst (Zauberstuhl) spielte vor allem bei der Totenbeschwörung eine Rolle. Tote wurden darauf aufgebahrt oder die Seherin selbst saß in dieser erhöhten Position, um darauf ihre Weissagung zu treffen, während andere Frauen gelegentlich einen Schutzkreis um sie bildeten. Daher mag auch der spätere Name „hagazussa" bzw. „tunridur" (Zaunreiterin) entstanden sein, der die Frauen als auf einem Gerüst oder einer Hecke reitend schilderte, von wo aus sie „zwischen die Welten" blickten. Die ausgeübte Magie der Völvas umfasste Zaubereien aller Art, vom Segens-, Schad-, Liebes-, bis hin zum Totenzauber.

Sindri und Brokk

39. Sindri und Brokk

Sindri (Funkensprüher) und Brokk (Schmied) sind zwei Zwergenbrüder, die wegen ihrer einzigartigen Kunstfertigkeit große Berühmtheit erlangen. In der Edda machen die beiden Brüder dadurch von sich reden, dass sie drei wunderbare Gegenstände erschaffen. Sie gehören zu den Wenigen, die sich von dem hinterlistigen **Loki** nicht hereinlegen lassen.

Als Loki der Göttin **Sif** das Haar abgeschnitten hat, fällt er kurz darauf ihrem wütenden Gatten **Thor** in die Hände. Um von diesem nicht erschlagen zu werden, erklärt sich der Bösewicht bereit, unverzüglich nach Swartalfheim zu reisen, um dort von Iwaldis Söhnen, einer Schar Zwerge, die ihm noch etwas schuldet, Ersatz für Sifs eingebüßtes Haar zu beschaffen. Daraufhin fertigen die Alben für die entstellte Göttin feinstes Goldhaar an, des Weiteren das Faltschiff Skidblatnir für **Freyr**, sowie den Speer **Gungnir** für **Odin**. Loki, nun bester Laune, prahlt daraufhin vor Sindri und Brokk über die Unübertrefflichkeit seiner erstandenen Schätze. Die gekränkten Brüder schlagen ihm nun eine Wette vor, dass es ihnen gelänge, drei ebenso wunderbare Kunstgegenstände anzufertigen, welche die seinen sogar noch übertreffen würden. Wenn sie dieses fertig brächten, würde Loki jedoch mit seinem Kopf dafür bezahlen müssen. Selbstsicher geht Loki auf die Wette ein, und die beiden Zwerge machen sich sogleich an die Arbeit. Loki zieht sich indessen unbemerkt in eine Ecke der Schmiede zurück und verwandelt sich in eine Pferdebremse. Mit seinem Stachel malträtiert er den am Blasebalg arbeitenden Brokk so sehr, dass dieser die zu erstellenden Arbeiten beinahe verderben lässt. Doch trotz dieser Ablenkungen entstehen in der Esse der goldene Eber Gullinbursti für Freyr, der goldene Ring **Draupnir** für Odin, der die Eigenschaft besitzt, dass in jeder neunten Nacht acht gleiche Ringe von ihm abtropfen, und zuletzt der mächtige Hammer Mjölnir, den Thor erhält, dessen Stiel durch Lokis Verschulden allerdings etwas zu kurz gerät. Nach der Fertigstellung dieser Schätze machen sich Loki und Brokk auf den Weg nach Asgard, wo Odin, Thor und Freyr entscheiden sollen, wer nun die Wette gewonnen habe. Diese bestimmen schließlich Sindri und Brokk zum Sieger, da der Hammer fortan die wertvollste Waffe im Kampf gegen die Riesen darstellt. Loki soll daraufhin sein Wort einlösen, versteht es aber, sich durch eine Reihe von Ausflüchten seiner Enthauptung zu entziehen. Am Ende näht der gekränkte Brokk dem Lästermaul schließlich den Mund mit einem Faden zu.

Die Sagen über Zwerge fanden ihre Entstehung meist in Gebirgsgegenden, wo die Menschen von Bergbau oder der Bewirtschaftung der Almen lebten. Zwerge galten als Symbolträger geheimer Kräfte, wundersamer Kunstfertigkeit und der Kenntnis verborgener Schätze. Im Allgemeinen Volksglauben wird ihr Wesen gerne mit Hinterlist, Gerissenheit und Habgier, aber auch mit Fleiß und Geschick in Zusammenhang gebracht, das einem hilfreich zur Seite steht, wenn man sich ihnen gegenüber mildtätig zeigt. Für menschliches Empfinden sind sie zumeist missgestaltet, großköpfig, bärtig, und ihr Gesicht ist von unzähligen Runzeln übersät. Nach alten Überlieferungen haben sie die Größe eines drei - bis vierjährigen Kindes und erhielten darum oft den Namen Wichtelmännchen oder Däumlinge. Einige von ihnen sollen Kapuzen oder Tarnkappen besessen haben, die sie unsichtbar machten.

Skirnir

40. Skirnir, der Strahlende

Skirnir ist der vertraute Freund und Diener des wanischen Fruchtbarkeitsgottes **Freyr**, die einander schon aus Kindheitstagen kennen. Als zuverlässiger Vasall wird Skirnir von den Göttern mit Aufträgen und Botschaften in andere Welten geschickt. So sendet ihn **Odin** bspw. nach Swartalfheim, um dort von den Zwergen die magische Kette Gleipnir anfertigen zu lassen, die endlich den furchtbaren **Fenrir**wolf zu fesseln vermag. Besondere Bedeutung aber erlangt Skirnir in dem nach ihm benannten „Skirnismal" (das Lied von Skirnirs Ritt).

Als Freyr von Odins Hochsitz aus die schöne Riesentochter **Gerda** erblickt, ist er für diese fortan in leidenschaftlicher Liebe entflammt. In seinem Liebeskummer vergisst er darauf, all seinen Pflichten als Naturgottheit nachzukommen, worauf die besorgten Götter Skirnir bitten, seinen Herrn und Freund aufzusuchen, um den Grund für dessen Kummer und Nachlässigkeit zu erfahren. Nach drängendem Appellieren an ihre lange bestehende Freundschaft, gesteht ihm Freyr seine hoffnungslose Liebe zu Gerda ein, die dem feindlich gesinnten Riesengeschlecht angehört. So erbietet sich Skirnir nach Riesenheim zu reiten, um dort für Freyr zu werben. Ausgestattet mit Ross und Schwert seines Herren, einem geheimnisvollen Zauberzweig und Geschenken für die zukünftige Braut, gelangt er schließlich bis vor Gymirs Gehöft, dem Vater der Gerda. Dort trifft er zunächst auf einen riesischen Wächter, den Bruder von Gerda, der ihm den Durchgang versperrt und ihn von bissigen Hunden bedrohen lässt. Doch Skirnir überwindet alle Hindernisse und springt mit lautem Getöse über den Gatterzaun von Gymirs Gehöft. Als die neugierig gewordene Gerda erscheint, beginnt Skirnir seine Werbung vorzutragen. Zunächst bietet er elf goldene Äpfel aus **Idunas** Garten an, dann den Ring **Draupnir**, was die Riesin jedoch beides ablehnt. Darauf beginnt der mutige Recke sie mit dem Schwert zu bedrohen und stößt eine ganze Reihe von Beschimpfungen und Flüchen aus, welche ihr widerfahren würden, wenn sie es wagen sollte, den Antrag abzulehnen. Endlich gibt die Umworbene nach, verlangt aber im Gegenzug Freyrs Schwert für ihre Sippe.

In diesem Lied finden sich sehr alte mythische Motive, welche die Schwierigkeiten der aufkeimenden Naturkräfte versinnbildlichen, denen sich die lebensfeindlichen Elemente entgegenstemmen. Skirnir, den man auch als den „ersten Sonnenstrahl" bezeichnet, bahnt sich unaufhaltsam seinen Weg, um die „Tochter der noch hartgefrorenen Erde" aus der Gewalt der grimmigen Riesen auszulösen. Manche Forscher vertreten die Meinung, Skirnir sei lediglich eine Emanation des Fruchtbarkeitsgottes selbst. Lange Zeit bestand der Brauch, dass Boten mit der Brautwerbung für ihre einflussreichen Herren beauftragt wurden und hierdurch als Vermittler auftraten, welche die Bedingungen für eine mögliche Heirat aushandelten. Dass der Brautwerber ein Verwandter, Freund oder enger Vertrauter war, lag nahe, da dieser die Interessen der Sippe oder Familie am besten vertreten konnte.

Berserker

41. Berserker, die Bärenfellträger

Berserker, die Bärenhemdträger, waren Krieger, die sich im Kampf durch besondere Wildheit und Tapferkeit auszeichneten. Diese suchten sie zu erlangen, indem sie sich die Felle getöteter Tiere überwarfen, um so eine Verbindung zu deren Tiergeist herzustellen, dessen Instinkte und Kräfte hierdurch auf sie übergehen sollten. Damit einher ging oftmals die Einnahme berauschender Pflanzen, die man zerkaute oder in Form von Kräutersuden zu sich nahm. Die Berserker galten als Krieger **Odins**, ihm weihten sie ihr Leben, denn er war der Kriegs- und Totengott, gleichzeitig der Beherrscher kultischer Ekstase. Wenn sie ihr Leben im Kampf verloren, fuhren sie zu ihm nach Walhall (s. **Walküren**). Durch die Einnahme der psilocybinen Pflanzen, die sie in eine Art „überwache Trance" versetzten, gerieten die Berserker mit zunehmendem Kriegsgetümmel in eine Form der Kampfeswut, die auch als heilige Raserei bezeichnet wurde. Dabei verfielen sie zumeist in eine Art Blutrausch, der zugleich mit einer hohen Schmerzunempfindlichkeit einherging. Wurde der Krieger später durch einen Goden (Priester/Druide) aus seiner Besessenheit zurückgeholt, fiel er häufig in einen tagelangen Schlaf, um seine Kräfte zu regenerieren.

Es ist unumstritten, dass die Bärenhäuter ebenso wie ihre „Kollegen", die Ulfhednar (Wolfshäuter), im Krieg ihren Stämmen wertvolle Dienste leisteten, in Friedenszeiten aber wusste niemand so recht, etwas mit ihnen anzufangen. Die Kämpfer legten sich dann auf ihre sprichwörtlich faule Bärenhaut und verprassten das Hab und Gut ihrer Stammesgenossen. Da sie kein Interesse an Haus und Hof besaßen, war es oft unmöglich, sie in die normale Sippengemeinschaft einzugliedern. Manche Männer verwilderten derart, dass man sie verstieß oder sie das Dorf freiwillig verließen, um fortan ganz in der Wildnis zu leben. Von den Chatten (einem Stamm, der im heutigen Hessen siedelte) ist überliefert, dass die jungen Männer mit dem Eintritt ins Erwachsenenalter ihre Kopf- und Barthaare solange wachsen lassen mussten, bis sie im Kampf ihren ersten Feind getötet hatten. In dem Märchen vom Bärenhäuter finden sich noch einige Hinweise auf diesen sogenannten „Berserkergang", der an einen langjährigen Einweihungsweg zum Krieger erinnert. In Heldensagen tauchen Berserker meist zu zweit oder zu zwölft auf und fungieren gerne als Leibwache eines Fürsten.

Der römische Geschichtsschreiber Tacitus berichtet zur Zeit der Feldzüge Cäsars, dass viele römische Soldaten der Mut verließ, als sie den Germanen die ersten Male in der Schlacht gegenüberstanden. Der ohrenbetäubende Kriegslärm, bestehend aus wilden Gesängen, Hörnern, Trompeten und lautem Schlachtengebrüll, wurde durch das Schlagen der Schwerter und Speere auf die Schilde noch gesteigert. Doch was die Legionäre in totale Panik versetzte, waren die wilden, dreckverkrusteten Hünen, die in todesverachtender Kampfeswut ihrem Heer vorausstürmten und laut brüllend alles niedermetzelten, was sich ihnen entgegenstellte. Dabei bissen sie in ihre Schilde und ließen sich weder von Pfeilen, Schwerthieben noch Feuer aufhalten. Mit unzähligen Wunden übersät kämpften sie weiter, angeblich ohne an Kraft und Wildheit nachzulassen.

Andhrimnir

42. Andhrimnir, der Koch

Andhrimnir (der dem Ruß Ausgesetzte) tut seinen Dienst als Koch in Asgard. Dort, in der Kriegerhalle Walhall, ist er zuständig für die Verpflegung der Einherjer (Einzelkämpfer), jene im Kampf gefallenen Helden, welche **Odins** und **Freyjas** Heerscharen bilden, die in den **Ragnarök** gemeinsam mit den Göttern in die Endschlacht ziehen. Ihre Zahl soll endlos sein, und wann immer auf Midgard Kämpfe stattfinden und Helden ihr Leben lassen müssen, werden sie in Walhall schon erwartet. Um eine derartige Anzahl von hungrigen Männern satt zu kriegen, bedarf es einer besonderen Art der Kochkunst. Der Küchenmeister löst dieses Problem, indem er den Eber Saehrimnir (der Rußschwarze) in dem Kessel Eldhrimnir (der durch Feuer Berußte) zubereitet, dessen Fleisch so lange nicht ausgeht, bis alle Kämpfer satt sind. Am darauffolgenden Tag setzt sich der Eber wieder erneut zusammen und das bizarre Ritual beginnt von Neuem.

Diese Form der tierhaften Wiederbelebung findet sich ebenfalls in einer Sage von **Thor**, der am Abend seine beiden Böcke schlachtet, um sie am nächsten Tage mit Hilfe seines Hammers wieder zusammenzusetzen und so zu neuem Leben erweckt. Wie der Koch Andhrimnir dieses Kunststück fertig bringt, verschweigt der Dichter dieser Verse, doch dürfte derartige Zauberei an einem Ort, an dem lebende Tote und Götter gemeinsam zum Gelage sitzen, nicht weiter verwundern. Zum gesottenen Fleisch der Ebers kommt der honigsüße Met aus den Eutern der Ziege Heidrun, der den kampfmüden Kämpen von den für die Bewirtung zuständigen **Walküren** gereicht wird. Der Name der Ziege lautet übersetzt etwa: „die ein herrliches Geheimnis besitzt". Da sich das Tier von den Blättern des Götterbaumes Laerad (**Yggdrasill**) ernährt, fermentiert sie sozusagen dessen Blattwerk (s. auch **Eikthyrnir**) und liefert somit den nie versiegenden Lebenstrunk. In einer Zeit, wo Nahrungsknappheit und schlechte Ernten zum harten Alltagsgeschehen gehörten, spiegeln Snorris Ausschmückungen auf gelungene Weise wider, wie Kämpfer und Dichter sich das Götter- und Kriegerparadies einst ausmalten.

Der mit einer unversiegbaren Nahrungsmittelfülle ausgestattete Kessel gilt in vielen Kulturen als Symbol von Wohlstand und sorgenfreier Glückseligkeit. Am deutlichsten finden sich derartige Schilderungen im berühmten Schlaraffenland, wo einem die gebratenen Hähnchen in den Mund fliegen und Flüsse aus honigsüßem Wein bestehen.

Odrörir

43. Odrörir, der Dichtermet

Odrörir ist der bekannte Dichter- oder Zaubermet, dessen Genuss Inspiration und die Kraft der Sprachekstase hervorsprießen lassen. Seine Entstehung wird in der Snorri-Edda überliefert, wo der Meeresriese **Ägir** als Gast bei den Asen weilt. Angeregt unterhält dieser sich mit **Bragi**, dem Dichtergott, von dem er gerne erfahren möchte, wie die Götter zu ihrer Poesie und Dichtkunst gelangt sind. Darauf beginnt Bragi über den großen Krieg zwischen Asen und Wanen zu berichten (s. **Gullweig**), nach dessen Beendigung beide Parteien ihren Friedensvertrag durch einen Geiselaustausch besiegelten. Beglaubigt und rechtskräftig wurde der Friedenspakt dadurch, dass alle Beteiligten in ein Gefäß spuckten. Aus diesem gemeinsamen Speichel schufen die Götter einen Mann Namens Kvasir, der von nun an als der weiseste unter den Menschen galt, da es keine Frage gab, die dieser nicht zu beantworten wusste.

Später kam Kvasir auf einer seiner Wanderungen zu den beiden Zwergen Fjalarr (Verberger) und Galarr (Brüller). Als diese zwei habgierigen Gesellen erfuhren, wen sie bewirteten, erschlugen sie kurzerhand ihren Gast und ließen sein Blut in drei Krüge rinnen. Darunter mischten sie Honig und einige Früchte, woraus der wundersame Skaldenmet entstand, durch dessen Genuss jeder zum Dichter oder Weisen wird. Die beiden Zwerge füllten das Getränk in drei Gefäße, deren Namen Bodn, Sön und Odrörir lauteten, nach letztem benannten sie den Met. Auf Kvasirs Verbleib hin befragt, behaupteten die Zwerge lediglich, dieser wäre an seinen eigenen Witzen erstickt.

Einige Zeit später gelangt der Met nun zu einem Riesen Namens Suttung, der diesen von den beiden Zwergen als Entschädigung für seinen erschlagenen Vater nimmt. Suttung bringt die Gefäße darauf zu seinem Wohnsitz ins Gebirge, wo er den Trank seiner Tochter Gunnlöd anvertraut, damit diese fortan über ihn wache. Bragis Erzählung endet mit der Schilderung vom Raub des göttlichen Ekstasemets durch Odin (s. **Swafnir**), wodurch der inspirierende Trank zu seinen Schöpfern zurückkehrt.

Da das Blut neben seiner körpererhaltenden Tätigkeit gleichzeitig auch den Geist und die Persönlichkeitsstruktur seines Trägers beinhaltet, sprich, das Wissen der Ahnenkräfte fortwirkt, wird ersichtlich, warum ein Kenning des Göttermets „Kvasirs Blut" lautet. „Kvase" ist die norwegische Bezeichnung für einen Saft, der aus gegorenen Beeren gewonnen wird und zeigt somit, dass die von Snorri beschriebene Sage sich auf eine alte Prozedur beruft, in der Menschen zusammenkamen, um Beeren zu kauen und diese in ein Behältnis zu spucken. Der Speichel bewirkte, das die Früchte schneller vergoren und stellte die Grundlage für rauschbewirkende Getränke. Weiter ist das Mischen gemeinschaftlichen Speichels bis heute ein fester Bestandteil von Vertragsabschlüssen, wie z.B. das in die eigene Hand Spucken, bevor man diese seinem Gegenüber reicht, um etwas zu besiegeln.

Thjalfi und Röskwa

44. Thjalfi und Röskwa

Thjalfi und Röskwa sind die beiden Kinder des Bauern Egil, auf dessen Hof **Loki** und der Donnergott **Thor** während einer ihrer gemeinsamen Fahrten rasten und Herberge finden. Als Gastgeschenk lädt Thor den Egil und seine Familie ein, gemeinsam mit ihnen zu speisen. Dazu geht der Gott in den Stall und schlachtet seine beiden Böcke, die stets seinen Wagen ziehen. Zu Beginn des reichlichen Abendmahls bittet er die Anwesenden, alle abgenagten Gebeine zurück auf die Felle der beiden Tiere zu legen. Am nächsten Tag geht Thor nun in den Stall und vollzieht mit seinem Hammer eine magische Weihe über den Knochen, worauf sich diese zusammensetzen und die Tiere wieder munter vor ihm stehen. Doch einer der beiden Böcke lahmt und der Donnergott gerät darüber in solch furchtbaren Zorn, dass die Familie in Todesfurcht gerät. Zitternd gesteht der Knabe Thjalfi, dass er einen Knochen gespalten habe, um an dessen saftiges Mark zu gelangen. Als Wiedergutmachung für diese Tat gibt Egil darauf seine beiden Kinder dem Thor als Dienstleute zur Seite, bis die Schuld für das lahme Bein getilgt ist.

Im weiteren Verlauf der Geschichte gelangen die beiden Götter mit den Kindern zu dem Riesen Utgardloki, der ein großer Zauberer ist und seinen Gästen einen Wettkampf vorschlägt. Dabei muss Thjalfi dreimal gegen einen Burschen Namens Hugi im Laufen antreten. Dreimal verliert der Knabe und erst am Schluss klärt sich auf, dass er gegen einen personifizierten Gedanken des Riesen antrat, der Thor und seine Gefährten mit einem Zauberbann belegt hatte.

Als Thor gegen den Riesen **Hrungnir** kämpft, ist Thjalfi mutig an seiner Seite. Wie sich die beiden Gegner gegenüberstehen, schleicht sich der Junge zu dem Riesen und flüstert diesem zu, dass Thor ihn von unten, aus der Erde heraus, angreifen wolle, worauf sich Hrungnir auf seinen steinernen Schild stellt. Hierdurch kann Thor den Riesen bezwingen, während Thjalfi siegreich gegen einen Lehmriesen antritt, den Hrungnirs Männer ihrem Herrn zur Seite stellten. Im Harbardlied wird der Knabe ebenfalls erwähnt, wie er vor Berserkerweibern die Flucht ergriffen haben soll. Thjalfis Namen hat man schon als „den Arbeiter" zu deuten versucht, welcher als eine Art Hypostase den Blitz des Donnergottes symbolisieren solle. Andere sehen in ihm den möglichen „Thielvar", den Entdecker und Besiedler Gutlands. In Röskwa dagegen wird eine alte Fruchtbarkeitsgöttin vermutet, was sich jedoch nicht nachweisen lässt. Einleuchtender scheint die Annahme, dass es sich bei den beiden Kindern um jugendliche Initianten handelt, die Thor auf seinen Fahrten gegen die Riesen begleiten und somit die Möglichkeit erhalten, nötige Erfahrungen mit den Hindernissen des Lebens zu sammeln. Unterstützt wird diese These in der Deutung des altnordischen Namens „röskvast", was soviel wie „reifen" oder „wachsen" bedeutet und auf die entscheidende Phase der Pubertät verweisen könnte. Dass die Aufgabe der Röskwa lediglich darin besteht, ihren tatkräftigen Bruder zu begleiten, verwundert nicht weiter, wenn man bedenkt, dass vorwiegend männliche Heldentaten aufgezeichnet wurden. Dass sich die Jugend vor allem durch Neugier und Unvoreingenommenheit hervortut, zeigen schon die Vielzahl von Märchen und Sagen, worin für gewöhnlich der/die Jüngste ans Ziel gelangt.

Gylfi

45. Gylfi, der König

Gylfi lautet der Name eines mythischen Schwedenkönigs, der angeblich den Asen einst die Herrschaft über Skandinavien übergeben haben soll. In den Sagen der Thulur, der Gylfaginning und der Ynglingasaga tritt Gylfi in verschiedentlichen Rollen auf. Einmal wird er als herrschender König von der Göttin **Gefjon** überlistet, die ihm ein gewaltiges Stück Land entwendet. An anderer Stelle wird Gylfi als Seekönig bezeichnet, was etymologisch zu seinen Namen passt, der altnordisch „gjálfr" lautet, was „Meer" oder „Woge" bedeutet. So gibt es Vermutungen, es könnte sich hierbei ursprünglich auch um einen alten Meeresriesen aus dem Geschlecht der Wanen gehandelt haben (s. **Ägir**), der später von den Asen abgelöst wurde. Snorri setzt den König in der Edda schließlich als Hauptdarsteller für die Rahmenhandlung seiner Darlegung der nordischen Götterhierachie ein, die er folgendermaßen schildert:

König Gylfi ist ein weiser Man und zauberkundig. Als er von den Asen vernimmt, wundert er sich sehr darüber, dass deren Volk so vielwissend ist und dass alles nach ihrem Willen geschieht. Er gerät in Überlegungen, ob dies aus deren eigener Kraft komme oder ob da wohl die Macht der Götter walte, welchen dementsprechend geopfert werde. Er beschließt, seine Herrschaft abzugeben und eine Reise in das mythische Land Asgard zu unternehmen. Viele, viele Jahre dauert seine Suche an, bis er irgendwann, durch endloses Wandern alt und müde geworden, im Gebirge an eine goldene Halle kommt. Diese ist so hoch, dass er kaum darüber hinweg zu sehen vermag. Ein Mann begrüßt ihn, führt ihn herein und bietet ihm Speis und Trank. Gylfi erblickt drei Hochsitze, auf denen drei Männer sitzen. Von diesen drei nach seinem Namen befragt, nennt der Gast sich Gangleri (der vom Gehen müde Gewordene), und stellt seinerseits Fragen an die drei Hochkönige. Im Verlauf erfährt der Wanderer nun manch wundersame Dinge über die Götter und die Entstehung der Welt. Als die drei Männer endlich alle seine Fragen beantwortet haben, erkennt Gylfi, wohin er gelangt ist, denn diese drei, mit Namen Har, Jafnhar und Thridi sind niemand anderes als **Odin** selbst, der sich auf diese Weise seinerseits vor Gylfi verborgen gehalten hat. Da bricht ein gewaltiges Getöse los, und als Gylfi sich umblickt, findet er sich alleine wieder. Von der Halle und den Göttern aber bleibt keine Spur zurück. Darauf kehrt Gylfi in sein Reich zurück, um zu berichten, was er vernommen hat und begründet damit den Erhalt des Götterglaubens.

Jacob Grimm deutete diese Geschichte als eine Nachahmung eddischer Lieder, welche Odin unter dem Namen Gangleri oder Gangrad zu den Riesen wandern lassen, um sich dort mit ihnen zu bereden und sich im Weisheitswettkampf zu messen. Ähnliche Strukturen weist auch Ägirs Reise nach Asgard und die dort erfolgende Unterredungen mir dem Skalden **Bragi** auf. Das Erscheinen und Verschwinden verzauberter Hallen, Höhlen oder Erdspalten findet sich hingegen in manch alter Mär. So in der Artussage, wo der Ritter Gawain auf dem Tisch der endlich gefundenen Gralshalle einschläft und am nächsten Morgen im Moosbett eines Waldes erwacht.

Ob Gylfi jemals existiert hat, lässt sich heute nicht mehr nachweisen, doch gilt seine Gestalt als Leitbild für den fragenden Menschen, der sich irgendwann aufmacht, um den Göttern das Geheimnis ihres (bzw. seines eigenen) Daseins zu entreißen.

Die Riesen

Alles, was sich der Mensch in damaliger Zeit nicht erklären konnte, wurde gefürchtet, verehrt oder galt zumindest als von überirdischen Kräften beseelt. Die Steinmonumente vergangener Zeiten, Naturkatastrophen und deren Auswirkungen wurden gewaltigen Wesenheiten zugeschrieben, deren Größe und Stärke lediglich die Götter zu trotzen vermochten. So nehmen die Riesen in der eddischen Kosmogonie eine zentrale Stellung ein, da sie durch ihr Auftauchen den eigentlichen Anfang der Schöpfung einleiten. Sie sind von allen Wesen die ältesten, die wahren Naturgötter, die über die Erde schritten, lange bevor ein Mensch sie betrat. Sie sind die Titanen und Giganten der Urzeit und verkörpern die ungezügelten und wilden Naturgewalten.

Man unterscheidet grob zwischen den Ältesten ihrer Art, den Feuer- und Reifriesen, sowie den später auftauchenden Gebirgs-, Wald- und Wasserriesen. Allgemein haben sie ihren Wohnsitz in dem ihnen zugeteilten Element, welches sie verkörpern. Sie leben in mächtigen Trutzburgen oder hausen in unzugänglichen Gebirgen, Wäldern, Höhlen und auf dem Grund des Meeres. Ihre Namen lauten ihrem Charakter entsprechend, der vorwiegend als gewalttätig, streitlustig, unberechenbar und laut beschrieben wird. Ihr Gemüt ist rau und wild, „drum hassen sie die Gebilde von Menschenhand". Vor allem den Göttern, die seit ihrem Auftauchen ihre einstige Herrschaft immer weiter einzuschränken vermögen, stehen sie feindlich gegenüber.

Trotz dieser alten Feindschaft pflegen die Götter auch freundschaftliche Verbindungen zu einzelnen Riesen, die zuweilen über einen reichhaltigen Wissensschatz aus vormenschlicher Zeit verfügen. Gleich wie die männlichen Riesen gerne den Göttinnen (wenn auch vergeblich) hinterherstellen, finden die männlichen Götter Gefallen an manchen Riesentöchtern, die als Vertreterinnen des fruchtbaren Erdelements durch ihren kräftigen Wuchs und üppige Schönheit zu bestechen wissen. Die in späteren mittelalterlichen Fabeln auftauchenden wilden Leut' und Weiber, welche gewöhnlich nackt oder mit Fellen behangen ihr Unwesen trieben, erregten vor allem durch die ungezügelte Triebhaftigkeit, die ihnen nachgesagt wurde, hohes Aufsehen und Interesse. Erwiesen sich die Riesenweiber hingegen als unwillig, wurden die Götter nicht müde, sie durch List zu verführen oder gar zu schwängern, wenn es ihren Zielen diente.

In Skandinavien werden die Riesen oftmals in einem Zuge mit den Trollen genannt, belebten Steinwesen, die unter der Erde hausen und augenblicklich in ihren Urzustand zurückfallen, sobald sie von der Sonne überrascht werden. In den Sagen tauchen die Vertreter des ältesten Geschlechtes meist als einfältige, bösartige Gestalten auf, die vom Helden mit Mut und List überwunden werden, um so dessen Überlegenheit hervorzuheben. Durch das aufkommende Christentum wurden die Riesen zum Einen dämonisiert zum Anderen verharmlost, so dass sie von einem gewitzten und gläubigen Bauern leicht zu übertölpeln waren. Durch das stete Erschließen und Bebauen der Natur verloren diese ursprünglichen Naturkräfte schließlich schrittweise an Bedrohlichkeit und Bedeutung.

Im Mythos bekommen sie erst zu den Ragnarök endlich die Gelegenheit, ihren lang gehegten Hass gegen Menschen und Götter auszutoben. Gemeinsam mit den Unholden und Dämonen der Unterwelt ziehen sie zum letzten Kampf nach Asgard, um dort mitsamt der alten Göttergeneration unterzugehen.

Ymir

46. Ymir, der Urzeitriese

Ymir ist der Ahnherr aller Riesen und das erste Lebewesen überhaupt, welches sich im Kosmos regte. Einst stieg er aus dem nebelverhangenen Abgrund des **Ginnungagap** als gewaltiger Gletscher auf, der sich unaufhaltsam ausdehnte. Daraus ward das Geschlecht der Reifthursen, auch Frostriesen genannt, geboren. Ihre bildhafte Verkörperung spiegelt die menschliche Ohnmacht vor der Kälte und den Gewalten des ewigen Eises. Ihr Sitz ist die nördliche Polarwelt Niflheim, von wo aus sie die Welt mit ihrer lebensfeindlichen Eiszeit überziehen.

„Am Anfang war das Chaos und der Riese", erfahren wir aus der Liederedda über den Ursprung der Schöpfung. Als die kalten Fluten des Ureisstromes Eliwagar aus Niflheim auf den heißen Lavastrom aus Muspellheim trafen, entstand Ymir, der Stammvater aller Riesen. Die Frost- und Reifriesen nannten ihn Aurgelmir, den „aus Sand und Schotter geborenen Brüller". Sein Name als Örgelmir umschreibt hingegen das rauschende und tosende Gewässer des Urmeeres, aus dessen Substanz sich sein riesenhafter Leib einst geformt haben soll. Kurz nach Ymir entstand die kosmische Urkuh **Audhumla**, die ihn mit den vier Milchströmen ihres Euters nährte. Als er sich zum Schlafen niederlegte, begann Ymir zu schwitzen. Daraufhin wuchsen ihm unter der Achsel des linken Armes eine Tochter und ein Sohn, der sich Thrudgelmir (das Sein) nannte. Dessen Sohn wiederum, Ymirs Enkel, hieß Bergelmir (das Da-Sein). Dieser wurde schließlich der Begründer des jüngeren Geschlechts der Reifriesen, nachdem die Alten in der großen Flut umgekommen waren.

Die Kuh Audhumla ernährte sich durch das Ablecken der salzigen Reifsteine, aus denen sie in drei Tagen einen Mann hervorbrachte. Dessen Name ward Buri, das erste menschliche Wesen und zugleich der spätere Stammvater der Götter. Buri zeugte aus sich selbst heraus einen Sohn Namens Bor, der mit der Riesin Bestla, der Tochter des Riesen Bölthorn, die drei ältesten Götter **Odin**, Wili und Ve zeugte. Diese drei Götter trotzen als erste den Urelementen, indem sie Ymir zurück ins Ginnungagap schafften, ihn dort töteten und seinen gewaltigen Körper zerteilten. Aus seinem Blut entstanden die Seen und Meere, in denen, bis auf eine kleine Schar, alle Reifriesen ertrinken mussten. Aus Ymirs Fleisch formten die Götter die Erde, aus seinen Knochen die Berge, aus seinen Haaren die Bäume und seine Hirnschale bildete den Himmel. Midgard, die Behausung der Menschen, ward aus seinen Wimpern erschaffen, die gleichzeitig eine schützende Umzäunung gegen die Riesen darstellten.

Dies war der Anfang aller Streitigkeiten und Kriege zwischen den Riesen und Göttern bzw. den unbeherrschbaren, wilden Kräften der Natur und den sich ständig weiter ausbreitenden Menschen, die sich anschickten, sich die Welt zum Untertan zu machen. Die riesenwüchsigen Nachkommen Ymirs waren vielgestaltig und reich an Zahl, doch sie alle waren dem Untergang geweiht - durch die Götter, durch das Schicksal und durch die Menschen. Somit begann ein Kampf, der in der nordischen Sage zum großen Teil das Walten und Wirken der Götter- und Heldensage bestimmte.

Ran

47. Ran, die Räuberin

Ran ist eine alte Meeresriesin und die Gemahlin des gewaltigen **Ägir**. Das düstere Seeweib weist viele typische Merkmale jener finsteren Wassergeister auf, die stets darauf bedacht sind, die Menschen in ihr dunkles Reich hinabzuziehen. Ran liebt vor allem das Gold, welches sie den Ertrunkenen abnimmt und in großen Kisten in ihren Sälen hortet. Während gefallene Krieger nach Walhall (s. **Walküren**) und sonstig Gestorbene nach **Hel** gelangen, ist Ran für jene Unglücklichen zuständig, die ertrinken müssen. Sie besitzt ein riesenhaftes Netz, das sie über die Schwimmenden ausbreitet, um sie damit gnadenlos in die Tiefe zu ziehen. Dieses Netz leiht sie einmal an **Loki** aus, damit dieser darin den Zwerg **Andwari** fangen kann. Ein anderes Bild schildert sie als gigantisches Seeungeheuer, das seine Krallen nach den im Sturm treibenden Schiffen ausstreckt.

Der Name „ran" bedeutet „Raub", wohl in Anspielung auf ihre unersättliche Gier, mit der sie ganze Schiffsbesatzungen in den Tod zog. Um die Meeresriesin zu besänftigen, brachten ihr die Seeleute zuweilen auch Menschenopfer dar. Kam man von einem Raubzug, wurden vor Fahrtantritt oftmals Gefangene ins Meer gestoßen. Vor einem zu erwartenden Sturm teilte man zuweilen etwas Gold oder andere wertvollere Kleinode an die Besatzung aus, um damit die Riesin friedlich zu stimmen, falls man sich doch einmal unverhofft vor ihrer unterirdischen Höhle wiederfand. Durch solche freiwilligen Geschenke erhoffte man sich die Gastfreundschaft in ihrer reichen Halle zu erkaufen, in der man großzügig bewirtet werden sollte. Denn so düster die Geschichten um das Treiben und die Mordlust der Meeresriesin auch sind, wird doch der Aufenthalt in ihren Sälen als äußerst angenehm geschildert, worin sich die Betörungen der Sirenen wiederfinden, die mit ihren Reizen lebensmüde gewordene Seeleute in die Tiefe locken. Wer im Kampf auf den Schiffsplanken dem Tod erlag, wurde zu den Hallen der Seegötter geladen und dort ebenso geehrt, wie jeder andere Krieger.

Die zerstörenden Sturmwellen oder Meereswogen wurden verbildlicht in Rans neun Töchtern, die sie gemeinsamen mit Ägir hervorgebracht hat. Kreischend wühlen die Töchter die See auf, danach trachtend, die Schiffe der Menschen umzustürzen, damit diese der immer hungrigen Mutter ins Netz gehen. Die Namen der neun Töchter sind in der Edda aufgeführt und lauten: Gjalp (die Brausende), Greip (die Umkrallende), Eistla (die rasch Dahinstürmende), Eyrgjafa (die Sandspenderin), Ulfrun (die flüsternde Wölfin), Angeyja (die Bedrängerin), Imd (die Dunstige), Atla (die Furchtbare) und Jarnsaxa (die schneidende Kälte).

Es gibt einige Volkssagen und Geschichten, in denen die Geister der Ertrunkenen als sogenannte Draugen (Untote) in stürmischen Nächten am Strand umherwandelten. Diese gespenstischen Erscheinungen waren in den kleinen Küstenansiedlungen gefürchtet, da ihr Auftauchen fast immer zur Folge hatte, dass die Ran bzw. die See sich ein neues Opfer geholt hatte oder schon bald zu sich rufen würde.

Ägir

48. Ägir, der Meeresriese

Aegir ist der Name des gestaltgewordenen Ozeans, den sich die Menschen als gewaltigen Meeresriesen vorstellten. Ägirs Gattin ist **Ran**, welche die tosende, bedrohliche und verschlingende Seite des Meeres verkörpert. Mit ihr zeugt der Riese neun Töchter, die mit den rollenden Wogen gleichgesetzt werden und den Namen „Ägirs Töchter" tragen. Im Gegensatz zur eher lebensfeindlichen und täuschenden Gesinnung seiner Frau und Töchter, ist Ägir den Menschen wohlgesonnen und hält, wann immer er zugegen ist, schützend seine Hände über diese. Als seine Wohnstätte wird die Insel Hlésey angegeben, das heutige Läsö im Kattegat (Dänemark). Seine Diener sind Firmafeng, der Behende, welcher bei einem Gastmahl von **Loki** erschlagen wird, und Eldir, der möglicherweise das Meeresleuchten verkörpert. Als Vater wird der Urzeitriese Fornjotr angesehen, hinter dem sich wohl **Ymir** selbst verbirgt. Ägirs Brüder sind Logi (oder Lohe), das Feuer, und Kari, der Wind.

Ägir ist einer der wenigen Riesen, der friedlich und freundschaftlich mit den Göttern verkehrt. Seine riesige Halle wird zum Schauplatz für „Lokis Zankreden", wo sich die Asen, von Ägir zum Festgelage eingeladen, versammelt haben. Dort tragen sich Speisen und Trank ganz von selbst auf. Seine unter Wasser liegende Wohnstätte wird erhellt durch schimmerndes Gold, welches er dort in großen Mengen hortet. So lautet ein Kenning für Gold auch „Ägirs Feuer", jenes kostbare Metall, das in der Tiefe des Meeres wohl als einzige Lichtquelle gedeutet wurde.

Ägirs altgermanischer Name „ahwo" verweist auf das Element Wasser, „ägi" war das Wort für Meer. Der Riese galt also als der „Wassermann" schlechthin und sein Wesen wird als „heiter wie ein Kind, das mit den Augen blitzt" (barnteitr) beschrieben, möglicherweise in Anlehnung an das sich dem Menschen im Wasser reflektierende Spiegelbild.

In dem Lied „Oegisdrecka" tritt besonders der Skalden- und Dichtergott **Bragi** hervor, der dem Meeresriesen (hier als zauberkundiger Mann beschrieben) im vertrauten Gespräche Göttersagen vorträgt und ihm mancherlei Fragen beantwortet. Ägirs Hauptattribut ist ein gewaltiger Kessel, das Gefäß für „feuchten" Inhalt, welcher wahrscheinlich das Meer selbst bezeichnet, das „wie ein Kessel zwischen den Küsten hängt" (nach R.M. Meyer). Einen ebenbürtigen Kessel müssen in einer Geschichte auch die beiden Götter **Tyr** und **Thor** beschaffen, um darin Bier für die Asen brauen zu können.

In der bekannten Wölsungensage ist von einem sogenannten „Oergirshelm" die Rede. Einem goldenen Schreckenshelm, dessen Träger seinen Feinden Angst und Grauen einzuflößen vermag. Dieser Helm scheint zwar namentlich mit Oegiur/Ägir verwandt, taucht aber nirgends als Eigentum des Meeresriesen auf. Das Wort „Oegisdyr" hingegen verwies auf die „Pforte ins Meer", wohin alle großen Flüsse schließlich hinausströmen.

Gerda

49. Gerda, die Verlockende

Gerda ist die jungfräuliche Tochter des Riesen Gymir und dessen Gattin Aurboda, die beide aus dem Geschlecht der Bergriesen stammen. Gerda, von der es heißt, sie sei so schön, dass von ihr Luft und Gewässer widerleuchteten, spielt eine tragende Rolle in dem bekannten Skirnirlied.

Als **Freyr**, der Gott der Vegetation und Fruchtbarkeit, sich mit seiner Familie in Asgard aufhält, besteigt er in Hlidskjalf heimlich **Odins** Hochsitz, von welchem man auf jeden Ort in der Welt herabsehen kann. Dort erblickt Freyr im Norden ein Gehöft, vor dem ein wunderschönes Mädchen spazieren geht. Als sie die Arme hebt, geht von ihr ein solch strahlendes Leuchten aus, dass der junge Gott sich augenblicklich unsterblich in die schöne Riesentochter verliebt. Nun rächt sich die Überheblichkeit des Wanengottes, auf Odins Thron verbotenerweise Platz genommen zu haben, denn fortan befällt ihn fürchterlicher Liebeskummer. Dieser Zustand hat gravierende Folgen für die Natur, die langsam abzusterben beginnt. Fortan vernachlässigt Freyr all seine Pflichten und findet an nichts mehr Gefallen.

Die Götter geraten darüber in große Sorge und auf **Njörds** Geheiß begibt sich **Skirnir**, Freyrs vertrauter Diener, zu ihm und fragt nach dem Grund seiner Verzweiflung. Als der Gott ihm von seiner kummervollen Liebe erzählt, erbietet sich Skirnir, nach Jötunheim zu reiten, um für seinen Herrn um die Hand Gerdas anzuhalten. Alsbald reitet der mutige Diener auf Freyrs Pferd zu Gymirs Gehöft. Dort wird er von einem Wächter, Gerdas Bruder, aufgehalten, bezwingt eine Rotte bissiger Hunde und setzt schließlich mit lautem Getöse über die Umzäunung. Gerda, durch den Aufruhr neugierig geworden, geht in den Hof und erblickt den fremden Reiter, der sich ihr vorstellt und sogleich seine Werbung vorträgt. Zunächst bietet er ihr elf goldene Äpfel aus dem Garten der **Iduna**, darauf den kostbaren Ring **Draupnir**, was die spröde Riesentochter jedoch beides ablehnt. Darauf versucht Skirnir, sie mit schlimmen Flüchen und Verwünschungen zu bedrohen, was der Schönen einen Schrecken versetzt. Schließlich willigt sie unter der Bedingung ein, dass ihre Sippe Freyrs Schwert als Brautgeschenk erhalte. Betrübt geht der verzweifelte Skirnir auf diesen Handel ein, worauf Gerda ihm eine Botschaft für seinen schmachtenden Herren mitgibt, in der sie verspricht, ihren Zukünftigen in neun Nächten in einem versteckten Wäldchen zu treffen. Mit dieser Nachricht reitet Skirnir zu dem ungeduldig ausharrenden Freyr zurück, der über diese Kunde überglücklich ist.

Freyr, der den männlichen und befruchtenden Aspekt der Natur verkörpert, verleiht am Ende des Liedes seiner Sehnsucht Ausdruck, sich mit der Geliebten endlich vereinen zu wollen. Gerda hingegen steht für die aus den Riesen entstandene Erde selbst. Es geht um die Vereinigung des männlichen und weiblichen Elements, das seinen Höhepunkt im Walpurgis, Kürfest, Beltane oder Hohe Maien hat. Die von Gerda verlangten neun Nächte der Besinnung und des Ausharrens entsprechen den neun Walpurgisnächten vor dem 1. Mai-Wonnenmond in welchen die „befruchtenden Säfte" gesammelt und somit gesteigert werden. Schließlich wird der große Fruchtbarkeitsritus vollzogen und der Frühling eingeläutet. Durch die Heirat mit Freyr wird Gerda bei den Asen aufgenommen und somit zu **Njörds** Schwiegertochter.

Hrungnir

50. Hrungnir, der Lärmer

Hrungnir lautet der Name eines gewaltigen Bergriesen, dessen Kopf und Herz aus Stein bestehen und dessen Schicksal von Snorri recht ausführlich geschildert wird. Die Geschichte beginnt damit, dass **Odin** auf seinem Pferd **Sleipnir** nach Jötunheim, ins Land der Riesen reitet. Dort trifft er auf Hrungnir, der dem Göttervater anerkennend zugesteht, er habe ein gutes Ross. Stolz erwidert Odin, es sei das vortrefflichste von allen Pferden und es würde sich nirgends ein gleichwertiges oder besseres finden lassen. Zornig besteigt der Riese daraufhin sein eigenes Pferd, das den Namen Gullfaxi (Goldmähne) trägt, um darauf Odin hinterherzujagen und diesen zu fangen. Als sie mit rascher Fahrt eine lange Strecke durch die Lüfte geritten sind, kommen sie schließlich bis nach Asgard. So groß ist ihre Geschwindigkeit, dass Hrungnir, als er sein Pferd endlich zum Stehen bringt, feststellen muss, direkt in der Festung der feindlichen Götter gelandet zu sein. Doch zu seiner großen Überraschung laden ihn diese freundlich zum Trinkgelage ein. Er erhält die Trinkschalen, aus denen sonst gewöhnlich **Thor** zu trinken pflegt und leert bald ein Fass Met nach dem anderen. Alsbald stockbetrunken verfällt er in laute Prahlerei und verkündet mutig, er wolle Odins Kämpferhalle Walhall alleine nach Jötunheim tragen und sämtliche Götter erschlagen. Alle bis auf die beiden Göttinnen **Freyja** und **Sif**, die wolle er für sich behalten. Als die Asen seiner Prahlerei endlich überdrüssig werden, rufen sie nach Thor, der darauf auch sofort erscheint. Nach einigem Hin und Her verabredet man sich zum Zweikampf auf der Länderscheide Grjotunagard (Steingehege).

Als es soweit ist, flüstert **Thjalfi**, der Diener Thors, dem Hrungnir zu, dass der Donnergott ihn von unten aus der Erde heraus angreifen würde, was den Riesen dazu veranlasst, sich auf seinen gewaltigen Schild zu stellen, statt diesen zum Schutze vor sich zu halten. Schließlich schleudern die beiden Gegner ihre Waffen gegeneinander. Thors Hammer zerschlägt die Waffe des Riesen, einen gewaltigen Wetzstein, in tausend Stücke und tötet diesen. Dabei dringt jedoch ein Steinsplitter in Thors Kopf. Dieser soll dort heute noch sitzen, weshalb man keine Wetzsteine werfen oder über den Boden rollen soll, da sonst der Donnergott Kopfschmerzen davon bekommt und grollt.

Das Lied um Hrungnir ist eine der humorvollsten Sagen der Edda, denn es charakterisiert diesen vor allem als Vertreter des riesischen Übermuts, der wie ein Doppelgänger Thors, mit Trinkkraft und Stärke prahlt, dafür aber mit seinem Leben bezahlen muss. Zahlreiche Versuche wurden bereits unternommen, diesen Mythos naturmythologisch zu deuten. Den Kampf zwischen dem Donnergott und dem Gebirgsriesen interpretierte man als ein mit Blitzen zuckendes Sturmgewitter, welches sich an Felsenwänden entlud, wobei gewaltige Steinlawinen ins Tal geschleudert wurden.

Der Name Hrungnir kommt von „rungla" = lärmen und bezieht sich gelungenermaßen auf die vorlauten Angebereien, aber auch auf das Getöse eines polternden Steinschlages. Ein weiteres Motiv ist das steinerne Herz des Riesen, dessen Symbol, eine dreizackige Swastika, sich auf verschiedenen Runensteinen in Skandinavien findet, genauere Deutungen bisher jedoch nicht zuließ.

Grid

51. Grid, die Helfende

Grid ist eine Riesin, mit der **Odin** seinen starken und schweigsamen Sohn **Widar** zeugt, der den Göttervater schließlich in den **Ragnarök** rächen wird, wenn dieser sein Leben im Rachen des grausigen **Fenrirwolfes** beenden muss. Grid ist eine der wenigen Vertreterinnen ihres Geschlechtes, die den Göttern wohlgesonnen sind. Sie spielt eine entscheidende Rolle, als **Thor** sich mit **Loki** auf dessen Geheiß auf den Weg zu dem Riesen Geirröd (nicht zu verwechseln mit König Geirröd aus dem Grimnirlied!) macht.

Thor tritt diese Reise ohne seine Waffen an, da dies eine Bedingung ist, unter der Geirröd zuvor dem gefangenen Loki die Freiheit schenkte, damit dieser den Donnergott unbewaffnet zu ihm locke. Unterwegs nehmen die beiden Götter nun Herberge bei der Riesin Grid. Sie warnt die Weggefährten vor der üblen Falschheit des Riesen und seiner beiden Töchter. Da Thor Grids Stiefsohn ist, leiht sie dem Donnergott darauf ihre eigenen Handschuhe, Kraftgürtel und den zauberwirksamen Stab Gridavölr. Mit diesen neuen Waffen ausgestattet wandern die Götter weiter, bis sie an einen breiten Sund geraten. Als sie diesen durchwaten, schwillt der Fluss plötzlich gewaltig an, sodass Loki sich ängstlich an Thors geliehenen Gürtel klammert. Weiter stromaufwärts erblicken die beiden die Riesin Gialp, eine von Geirröds Töchtern, die breitbeinig zwischen den beiden Ufern steht und sie mit ihrem gewaltigen Harnstrom zu ertränken sucht. Da erwächst Thor „zornige Asenkraft". Er nimmt einen gewaltigen Stein, den er nach der Riesin wirft, worauf die ihr Unterfangen abbricht. Gleichzeitig ergreift Thor den Ast eines Sperberbaumstrauchs und steigt aus dem Wasser. Seitdem heißt es „der Sperberbaum sei Thors Rettung".

Als die Götter zu Geirröd kommen, weist man ihnen zunächst ein paar Stühle zu, auf denen sie sich müde niederlassen. Doch plötzlich erhebt sich Thors Stuhl, um den Gott oben gegen das Dach zu schmettern. Da stößt Thor den mitgeführten Stab gegen das Sparrwerk und drückt sich auf den Stuhl zurück, worauf ein lautes Krachen und Geschrei ertönt. Unter dem Stuhl liegen die beiden Riesentöchter Gialp und Greip, die versuchten, ihren Gast zu zerdrücken und nun selbst mit gebrochenem Rückgrat am Boden liegen. Schließlich gelangt der Gott vor Geirröd, den er mit Hilfe von Grids Handschuhen besiegen kann, da er hierdurch ein glühendes Eisen auffangen und auf den Riesen zurückschleudern kann.

Der besagte Zauberstab (Völr) tritt allgemein als ein Attribut von Seherinnen und Zauberinnen auf, wovon deren Namen sich ableiten lassen: Völva = Stabträgerin. Einige Riesen galten als zauberkundig und ihre Künste wurden nicht selten in verderblicher Weise gegen Götter und Menschen gerichtet, die sich stets den Launen der Naturelemente ausgeliefert sahen. Diese konnten zeitweise jedoch ebenso genutzt werden, wenn ihre Gesetzmäßigkeiten erkannt oder man „in der Gunst der Götter" stand. Hilfsbereite und wohlgesinnte Riesen waren demnach Naturerscheinungen, die den Menschen beim Kampf gegen die lebensbedrohliche Seite der Natur unterstützten.

Thökk

52. Thökk, die Verneinende

Thökk lautet der Name einer alten, verbitterten Riesin, deren Entscheid ein weiteres wichtiges Glied in einer Kette von Ereignissen ist, an deren Ende schließlich die **Ragnarök** stehen. Nachdem **Balder**, der strahlende Lieblingssohn **Odins**, durch **Lokis** Beihilfe sein Leben lassen musste, senden die Götter den Hermod zur Totengöttin **Hel**, um mit dieser über Balders Rückkehr in die Welt der Lebenden zu verhandeln. Hel stellt die Bedingung, dass alle Welt um den toten Gott trauern müsse, nur so könne er aus der Hel „geweint" werden, doch wenn nur ein Wesen seine Tränen versage, müsse Balder für immer bei ihr bleiben. Darauf senden die Asen Boten in alle vier Himmelsrichtungen, auf dass ein jeder diesem Erlass Folge leiste. Menschen und Tiere, Pflanzen und Steine, sowie das Holz und alles Metall fallen alsbald in große Trauer, gleich wie diese Dinge weinen, wenn sie aus der Kälte in die Wärme kommen. Als die Beauftragten heimkehren, um schon den Erfolg ihrer Arbeit zu vermelden, finden sie bei einer Berghöhle eine alte Riesin sitzen. Als die Boten sie auffordern, ein paar ihrer Tränen für den toten Balder zu spenden, verneint sie dieses mit der Begründung, der Gott habe ihr zu Lebzeiten ebenso wenig einen Gefallen getan. Damit scheitern die Bemühungen der Götter und Balder muss bis nach den Ragnarök im Totenreich verweilen. Das Riesenweib aber soll Loki gewesen sein, der das meiste Böse unter den Asen vollbrachte.

Snorris Bericht um Thökk basiert vermutlich auf poetischer Darstellung. Prof. W. Golther wies seinerzeit auf die Gewähr der Echtheit dieser Erzählung hin, bis auf jenen Umstand, dass alle Wesen um den toten Gott weinen müssten, der sich wohl erst in einer Überlieferung des christlichen Skalden Bischof Bjarni finden lasse. Der Name „Thökk" (altnord. Pökk) wird mit „Dank" oder sogar „Freude" übersetzt!? Snorri, der ihr diesen Namen gab, mag dies möglicherweise auf den rachsüchtigen Loki bezogen haben, der sich im Stillen über seine gelungene Tat freute, die eine Rückkehr des Asengottes verhindert. Schon mit der Riesin Angrboda (Sorgenbringerin) zeugt Loki die drei größten Verderber der Götter. Diese Riesin sitzt im düsteren Eisenwald, dort, wo die Sonne untergeht, und wartet auf das Ende der Welt. Ähnlich präsentiert sich die in einer Felsenhöhle hausende Thökk. Durch ihre hartherzige Tat wird sie zum Archetyp der bösen alten Hexe, die in zurückgezogener Einsamkeit verbittert darauf sinnt, Übles zu vollbringen. Dass wieder einmal Loki hinter der Maske der Riesin stecken soll, mag wenig verwundern, bedenkt man all seine anderen böswilligen Taten, für die ihm bereits zahlreiche Drohungen Seitens der Götter widerfahren sind. In seinen Zankreden gesteht er der **Frigg** höhnisch ein, dass nur er alleine die Schuld daran trage, dass sie ihren geliebten Sohn nie mehr heimreiten sähe.

Die Gestalt der bösen Hexe taucht in zahlreichen Märchen auf, wo sie gewöhnlich die bedrohliche und zerstörerische Seite des Weiblichen verkörpert. Dieses Bild, welches vor allem im Mittelalter entstand, sitzt noch tief im menschlichen Unterbewusstsein verborgen und wird heute psychologisch vor allem als negativ besetztes Muttersymbol gedeutet.

Hyndla

53. Hyndla, die Zauberin

Hyndla ist eine zauberkundige Riesin, die in dem nach ihr benannten „Hyndluljod" (Lied der Hyndla) auftritt. Dieses Lied entstand angeblich erst im 14. Jh., so dass eine Zuordnung zu älteren Schriften nicht ohne weiteres erfolgen kann. Die Geschichte erzählt von der Liebesgöttin **Freyja**, welche die Riesin aufsucht und sie bittet, gemeinsam mit ihr nach Walhall zu reiten. Dort soll Hyndla, die über vorzügliche genealogische Kenntnisse verfügt, ihr helfen, eine Wissenswette zu gewinnen. Freyja reitet auf einem Eber, in dem die kluge Riesin jedoch sogleich einen männlichen Anhänger Freyjas vermutet, der für diese Fahrt von der Göttin in ein Schwein verwandelt wurde. Dieser Mann Namens Ottar hat zuvor mit einem anderen Mann darum gewettet, wer von ihnen beiden die besseren Kenntnisse über die Namen ihrer Ahnenreihen besäße. Um sich eines siegreichen Ausgangs der Wette zu versichern, hatte Ottar sich zuvor durch Opferung Freyjas Gunst erfleht.

Widerstrebend folgt die auf einem Wolf dahinfahrende Hyndla der Göttin durch die Nacht. Im Laufe des gemeinsamen Rittes zählt nun die Riesin eine ganze Liste von Namen und einstigen Geschlechtern auf, von denen Ottar abstamme, allerdings nicht ohne ihn am Ende jeder Strophe als Schwachkopf zu beschimpfen. Nachdem der in Tiergestalt wandelnde Ottar den gesamten Namenskatalog vernommen hat, fordert Freyja die Riesin auf, ihrem Schützling noch einen Gedächtnistrank zu reichen, auf dass er das erfahrene Wissen für den Wettstreit auch behalte. Darauf gerät Hyndla in Zorn und beschimpft die Göttin mit Schmähungen. Einen Fluch, den sie dem Ottar anhängen will, entkräftet die Liebesgöttin unmittelbar und versichert diesen auch weiterhin ihres Schutzes.

Hyndla verfügt über ein beachtliches Alter, da sie vorgibt, einige der von ihr aufgezählten Personen noch selbst gekannt zu haben. So ist das Vorbild der Riesin in all jenen weisen Frauen zu suchen, die nicht selten als Einzelgänger lebten und sich durch Wissen und ihre Zauberei zu behaupten wussten. Hyndlas Reittier ist ein Warg (Wolf), über dessen Herkunft eine anderer Stelle der Edda Auskunft gibt. Viele sollen von dem Riesenweibe Angrboda (Sorgenbringerin) abstammen, die schon mit **Loki** den **Fenrirwolf** zeugte. Östlich von Midgard im Walde Jarnwidr (Eisenholz) sitzt ebenfalls die Riesin Gyge und gebiert dort wolfgestaltige Riesen und Ungeheuer. In diesem Eisenwalde sollen sich all die Zauberweiber, „Jarnwidir" genannt, aufhalten. Dass Riesinnen eine Vorliebe für wölfische Reittiere besitzen, schildert ebenfalls eine Begebenheit während der Totenfeier für **Balder**. Als keiner der Anwesenden vermag, das Schiff ins Wasser zu bringen, schicken die Asen nach der Riesin Hyrrokkin, die kurz darauf auf einem großen Wolf reitend daherkommt, dem Schlangen als Zaumzeug dienen.

Freyja, die oberste aller zauberkundigen Frauen, nennt die Hyndla gar Schwester und ihr gemeinsamer nächtlicher Ausritt, erinnert schon stark an die Besenausfahrten der Hexen im Mittelalter. Die Riesin mit dem Namen „Hyndla" (Hündchen) zu belegen, schmälert jedoch nicht die Tatsache, dass es sich bei dem Lied wohl um eine funktionale Kultdichtung handelt, deren Inhalt dazu diente, altes Wissen weiterzugeben und zu erhalten. Es wurde auch schon die Ansicht vertreten, dass Hyndla nur eine Verdopplung der (hier schon von der Kirche dämonisierten) Freyja sei, die man häufig mit dem Schmähnamen „Hündin" belegte. Eine Anspielung auf ihre „geile Lüsternheit", die Freyja auch von der Riesin vorgehalten bekommt.

Surt

54. Surt, der Schwarze

Surt ist ein gewaltiger Feuerriese, der über Muspellheim, das Reich der Lava und fliegenden Feuerfunken, wacht und gleichzeitig herrscht. Dieses Land des ewigen Feuers ist für jegliche Wesenheiten unzugänglich, die nicht dort geboren sind. Als Surts Gemahlin wird die Feuerriesin Sinmara (die fahle Mahr) genannt. Ihre gemeinsamen Kinder (Muspells Söhne) sind all die Feuerteufel und Flammenriesen, die Surt am Weltenende gegen die Götter führt. Zuvor vereinigen sie sich mit den Reif- und Bergriesen, um mit diesen gemeinsam über die Bifröstbrücke (s. **Heimdall**) nach Asgard zu ziehen. Dort treffen sie auf der weiten Ebene Wigrid, auch Oskopnir genannt, mit den Göttern zu den alles entscheidenden **Ragnarök** zusammen. Dabei kämpft Surt mit seinem versengenden Flammenschwert gegen den wanischen Fruchtbarkeitsgott **Freyr**, der sein eigenes Schwert entbehren muss, das er einst dem Riesen Gymir für die Hand seiner Tochter **Gerda** überließ. Nachdem Freyr unterlegen ist und der Kampf sich dem Ende zuneigt, schleudert der entfesselte Surt schließlich sein Feuer (Surtalogi) über die ganze Welt und verbrennt sie. Dampf und Funken sprühen auf und heiße Lohe bedeckt den gesamten Himmel. Die Sonne verschwindet hinter den aufsteigenden schwarzen Wolken, die Sterne fallen nieder und die Erde versinkt im Meer.

Manche Forscher sehen in „muspell" selbst das Weltenende, andere vermuten darin eher einen mächtigen Feuerriesen, der wiederum mit Surt identisch scheint. Das Kenning „Surts Lohe" hingegen, bezeichnet den alles verschlingenden Weltenbrand. In dieser Funktion erkennen wir den Zusammenhang mit Lodur, dem Feuerbringer, welcher wiederum **Loki** und somit dem alles verderbenden Feuer entsprechen soll, das durch seine Zerstörung erst die Voraussetzung für einen Neubeginn schafft. Surt führt den Beinamen „der Schwarze", was seine spätere Gleichstellung mit einem Racheengel oder dem „Teufel des Fegefeuers" erklärt. Im beschriebenen Weltenbrand der Edda finden sich zudem einige Übereinstimmungen mit der biblischen Vorstellung vom Jüngsten Gericht und dem Erscheinen des Antichrists. Nach mittelalterlicher Interpretation wartet der schwarzrußige Gehörnte seit seinem Fall aus den himmlischen Gefilden darauf, die Seelen der Verdammten in sein nach Schwefel stinkendes Reich hinabzuziehen, um die armseligen Sünder auf lodernder Flamme zu rösten. In einem geistlichen Gedicht des 9. Jh. aus Bayern schildert der Schreiber den Weltenbrand am jüngsten Tag und bezeichnet den Sühnetag Gottes als „muspilli".

Noch heute nennt man im Norden Skandinaviens harzige und verkohlte Erde „surtarbrand", vulkanische Felsenhöhlen auf Island werden „Surtshellir" geheißen. Dass sich dort die Vorstellung an dieses belebte Feuerwesen bis heute erhalten hat, zeigt die Namengebung einer neuentstandenen Vulkaninsel im Jahre 1963, die man „Surtsey" (Insel des Surt) taufte.

Die Heldensage

Die Heldensage unterscheidet sich in mancherlei Hinsicht von der Göttersage. Ihr stärker in den Vordergrund tretender idealistischer Charakter zeichnet ein fortlaufendes Bild, in welchem der Held seinem unvermeidlichen Schicksal entgegenschreitet, das sich vom Wirken der Götter durchwoben zeigt. Die Heldensagen entstanden etwa zur Zeit der großen Völkerwanderung, die mit dem Einfall der Hunnen im Jahre 375 n. Chr. ihren Anfang nahm. Sie wurden zunächst in mündlicher Liedform von fahrenden Sängern durch die Jahrhunderte hinweg überliefert. Diese Lieder griffen auf historische Gestalten und Ereignisse zurück, die teilweise mehr als ein Jahrhundert auseinander lagen und fassten diese zu einem komplexen und dramatischen Handlungsstrang zusammen.

Die umfangreichste Sammlung germanischer Heldensagen findet sich in der älteren Liederedda. Die in Stabreimen abgefassten Verse entstanden anonym im 8.-12. Jh. Einige der darin enthaltenen Texte sollen aus dem süddeutschen Raum stammen, von wo aus sie über Niederdeutschland schließlich bis nach Skandinavien gelangten, um sich dort, in meist modifizierter Form, zu bewahren. Während die skandinavischen Sagen noch stark von heidnischen Bräuchen durchzogen sind, passte sich das Liedgut hierzulande immer mehr den höfischen Gepflogenheiten des Mittelalters an, wodurch Elemente christlicher Moral einen immer stärkeren Einfluss bekamen. So existierten zeitweise mehrere Bearbeitungen eines Sagenstoffes nebeneinander, deren Inhalte sich sogar widersprechen konnten. Das Volk schien es hingegen mit der Ursprünglichkeit der Fassungen nicht so genau zu nehmen. Schon damals liebte man die einfachen Geschichten großer Helden und deren eindrucksvolle Taten, und ein guter Spielmann verstand es auf vortreffliche Weise, die Phantasie der Menschen zu beflügeln, die sich im täglichen Kampf mit Hunger, Krieg, Fronarbeit und Krankheiten befanden.

Die nun folgenden neun Kapitel befassen sich mit den Hauptfiguren des bekannten Nibelungenliedes und ihrer nordischen Entsprechung der Wölsungensage. Eine mittelalterliche Handschrift des um 1200 niedergeschriebenen Nibelungenliedes wurde im Jahre 1755 in einer Bibliothek wieder entdeckt. Doch bedurfte es noch manch geschichtlich-politischer Umwälzungen, bis im Deutschland des angehenden 19. Jahrhunderts eine nationale Gesinnung erwachte, die neben einer Wiederbelebung der Romantik auch ein neues Interesse am Stoff der Nibelungen weckte. Während nun das Nibelungenlied in Form eines höfischen Epos abgefasst ist, zeigt sich die Wölsungensage, wie schon erwähnt, noch von zutiefst heidnischem Wirken durchdrungen. An deren ersten ausführlichen Teil, der mit dem Tode des Wölsungensohnes Sigmund endet, schließt sich mit der Geburt seines Sohnes Sigurd (Siegfried) in etwa die Wiedergabe des Nibelungenliedes an. Trotz einiger Abweichungen behalten die Protagonisten beider Sagen ihre wichtigsten Eigenschaften und Funktionen bei und dürfen somit als zwei Ströme ein und derselben Quelle angesehen werden. Ihren jeweiligen Entwicklungsverlauf in Gänze zu recherchieren, gestaltete sich bisher als schwieriges und hoffnungsloses Unterfangen. Dem Epos von der „Nibelungen Not" liegt historisch die Vernichtung des mittelrheinischen Burgunderreiches im Jahre 437 n. Chr. durch die hunnischen Hilfstruppen des weströmischen Feldherren Aetius zu Grunde. Das Nibelungenlied selbst teilt sich in zwei wesentliche Hälften. Die erste handelt vom Werdegang Siegfrieds bis zu dessen Tod, die zweite berichtet vom Zug der Burgunder ins Hunnenland, wo sie am Hof des mächtigen Fürsten Attila ihr Ende finden.

Siegfried

55. Siegfried, der Drachentöter

Siegfried oder Sigurd, der glorreiche Drachentöter, findet sich in den Epen und Liedern verschiedener europäischer Länder und gilt bis heute zweifelsohne als der strahlende Held schlechthin, der mutig, tapfer und unbesiegbar in die Welt hinauszieht, um große Taten zu vollbringen und sich Ruhm und Reichtum zu verschaffen. Seine Kraft entspricht seinem übergroßen Wuchse, und dementsprechend mächtig sind seine Utensilien. Sein Schwert Gram oder Balmung wurde einst von den Göttern geschaffen, und sein Pferd Grani ist ein Nachkomme des achtbeinigen Götterpferdes **Sleipnir**. Seine bekannteste Heldentat ist die Überwindung des Drachen Fafnir (s. **Das Rheingold**). Durch ein Bad im Blut des erschlagenen Lindwurms verhornt seine Haut, so dass keine Waffe ihn fortan mehr zu ritzen vermag. Er verzehrt das gebratene Herz des Drachen und versteht darauf die Sprache der Vögel, die ihn sogleich vor seinem Ziehvater, dem habgierigen Schmiedemeister **Regin** warnen. Nur an einer Stelle auf Siegfrieds Rücken, wo sich zur Zeit seines Blutbades ein Lindenblatt befand, ist er noch, gleich der Ferse des Achilles, verwundbar. Dieser Fleck unter seinem Schulterblatt wird ihm später zum Verhängnis, als ihn an einer Wasserquelle von hinten der Speer des verräterischen **Hagen** durchbohrt (Bei den Wölsungen das Schwert des Gutthorm).

Im dritten Sigurd-Lied der Edda ist nachzulesen, dass an seinem Leben weder Tadel noch Fehl zu finden seien, „doch inmitten gingen grimmige **Nornen**", was auf die Boshaftigkeit dunkler Schicksalsmächte verweist, die schließlich einen Weg finden, den ahnungslosen Jüngling dahinzuraffen. Im Nibelungenepos hingegen erscheint Siegfrieds Natur nicht ganz so selbstlos und frei von Fehl. Um an **Kriemhild** heranzukommen, ist er bereit, König **Gunther** bei der Werbung um **Brünhild** beizustehen, derer er sich selbst zuvor verlobt hat und somit sein Versprechen bricht. In der nordischen Version wird dieser Makel durch einen Vergessenheitstrunk geschmälert, den Sigurd von der ränkischen Königsmutter erhält.

Ob Siegfried als Person jemals existiert hat, lässt sich bis heute nicht nachweisen, so dass weiterhin Unstimmigkeit über Ursprung und geschichtlichen Hintergrund bestehen. Manche Forscher wollen in ihm den germanischen Heerführer Arminius erkennen, der die römischen Legionen im Teutoburger Wald besiegte, die zuweilen Drachenabbildungen auf ihren Bannern trugen. Allgemein gilt der Held jedoch als reine Erfindung frühmittelalterlicher Dichtkunst, die verschiedene Höfe und Länder für sich entdeckten und je nach Gesinnung ummodifizierten. Die Faszination dieses alten Erzählstoffes inspirierte zu Beginn des 20. Jh. maßgeblich die neu aufkommende deutsche Nationalromantik und hat auch bis heute nichts von ihrer Faszination verloren. Vor allem Richard Wagners opulenter Ring-Zyklus trug dazu bei, die sagenumwobene Gestalt des blonden germanischen Hünen zum Idealtypus deutscher Mannhaftigkeit zu erheben.

Brünhild

56. Brünhild, Königin von Island

Brünhild ist im deutschen Nibelungenlied die Herrscherin von Island. Als große, kluge und starke Kämpferin und **Walküre** hat sie das Gebot erlassen, nur denjenigen Mann zu ehelichen, der sie zuvor im fairen Kampf besiegt hat. Als **Gunther**, König der Burgunder, davon hört, macht er sich gemeinsam mit **Siegfried** und **Hagen** auf den Weg, um die Hand der schönen Walküre zu gewinnen. Mit Hilfe einer List von Siegfried gewinnt Gunther den zu bestehenden Zweikampf und führt die nun Bezwungene als Braut an seinen Hof. Der sich ihr darauf im Schlafgemache nähernde Ehemann wird jedoch rasch als Schwächling entlarvt und kurzerhand an seinem Gürtel an einem Haken bis zum Morgen aufgehängt. Einige Jahre darauf deckt die misstrauische Isländerin den Betrug auf. Tief gekränkt und in ihrer enttäuschten Liebe von Zorn und Hass auf die Intriganten erfüllt, gibt sie solange keine Ruhe, bis Hagen sich schließlich bereit erklärt, Siegfried zu töten.

Im nordischen Wölsungenepos ist die Walküre eine Tochter Atlis (Etzel oder Attila) und gilt als grimmig und streitbesessen, die zur Strafe, weil sie allzu viele Krieger in der Schlacht gefällt und somit gegen **Odins** Willen aufbegehrte, von diesem in einen tiefen Schlaf versetzt wird. In einer von einem Flammenring (Waberlohe) umgebenen Schildburg, gelobt sie, lediglich jenen Mann zu heiraten, der den Mut besitzt, durch die Feuerwand zu reiten. Dies ist später Sigurd (Siegfried), allerdings in Gunnars (Gunthers) Gestalt. Als die Täuschung herauskommt, stiftet Brynhild die Brüder Gudruns (entspricht **Kriemhild**) zum Mord an Sigurd an. Als dies geschehen ist, tötet sie außerdem Sigurds dreijährigen Sohn Sigmund (nach dessen Großvater benannt), um sich danach selbst das Leben zu nehmen. Am Ende wird eine Begräbnisstätte errichtet, wo man sie gemeinsam verbrennt.

Manches spricht dafür, dass die nordische Brynhild mit der Walküre **Sigdrifa** identisch sei, die zuvor Sigurd in die Geheimnisse der Runen einweihte und ihm auch sonst noch manch nützlichen Rat mit auf den Lebensweg gab. In Brynhilds Gestalt vereint sich auf besondere Art und Weise das in späteren Zeiten entstandene Bild der klugen, anmutigen Schwanenjungfrau und der streitstiftenden, unbeugsamen Schildmaid, die Männer in den Kampf hetzt, um sie Odin zuzuführen. Nicht erst seit Richard Wagner zählt die Walküre zu den bekanntesten Gestalten des Altertums, so dass man kräftigen Frauen noch bis vor kurzem eine „brünhildenhafte" Gestalt zuschrieb.

Als historisches Vorbild hat mit größter Wahrscheinlichkeit jene Brünhild gedient, die um das Jahr 550 in Spanien, als Tochter des Westgotenkönigs Athanagild geboren wurde. Später ehelichte sie König Sigibert, den 1. Herrscher des merowingischen Ostgebietes Austrien. Dass sie schließlich nach Island gelangte, liegt wohl darin begründet, dass das Lied vom Drachentöter durch unzählige Varianten erweitert und umgedichtet wurde und sich Sagen in Island lange Zeit fernab des Christentums erhalten konnten. In der Vulkanlandschaft dieser Insel dürfte der Ursprung der vielbedeutenden „Waberlohe" auch am ehesten zu suchen sein.

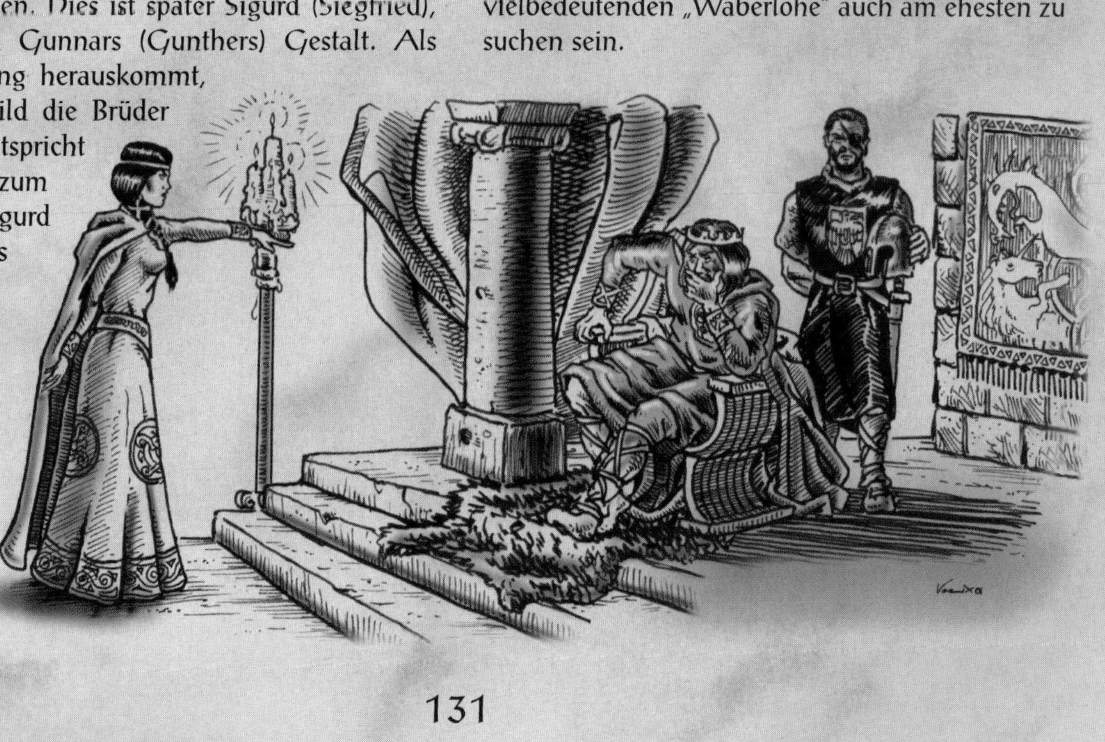

Hagen von Tronje

57. Hagen von Tronje

Hagen von Tronje spielt eine tragende Rolle in der deutschen Nibelungensage, wo sich seine Erscheinung am deutlichsten vom strahlenden **Siegfried** abhebt, als dessen dunkler Gegenspieler er agiert. Er kommt als einsamer und grimmig dreinschauender Ritter daher, versehen mit einer Augenklappe und sich in dunkle Rüstung hüllend. Es heißt, sein Vater sei ein Alb gewesen, eines jener finsteren Wesen, die den Menschen noch nie wohlgesonnen waren, weswegen Hagens Haut „bleich und fahl erscheint, gleich Bast und Asche". Er ist König **Gunthers** treuer Berater, rechter Arm und Waffenmeister (In der Wölsungensage ist sein Name Högni und er ist der direkte Bruder von König Gunnar). Hagen genießt des Königs uneingeschränktes Vertrauen und seine Worte und Entscheidungen haben Gewicht.

Als nun Siegfried nach Worms gelangt, um dieses zu erobern, bieten ihm die Burgunder Freundschaft an. Als der Drachentöter darauf die schöne **Kriemhild** (Gudrun) erblickt, willigt er ein. Nachdem er König Gunther durch eine List dazu verhilft, die Isländische Königin **Brünhild** zu ehelichen, darf er selbst Kriemhild heiraten. Doch Brünhild gönnt den beiden ihr Glück nicht und beginnt Nachforschungen anzustellen. Schließlich kommt der Betrug heraus, und die schändlich hintergangene Königin sprüht vor Hass und Zorn. Sie klagt vor ihrem Gatten, sie wolle lieber sterben, wenn dieser nicht umgehend Siegfried erschlagen lasse. Darüber fällt der König in große Verzweiflung. Trotz seiner tiefen Verbundenheit zu Siegfried, beratschlagt er sich mit Hagen, und gemeinsam machen sie einen Plan, wie sie den nun lästig gewordenen Störenfried aus dem Weg schaffen können. Hagen, den außerdem die Aussicht auf Siegfrieds **Rheingold** lockt, geht zu Kriemhild und bittet sie scheinheilig, ihm doch die verwundbare Stelle auf Siegfrieds Rücken preiszugeben, damit er diesen im Kampfe besser schützen könne. Als der König eine Jagd abhält und sich Siegfried abseits der Gesellschaft an einer Quelle befindet, trifft ihn Hagens Speer tödlich in den Rücken.

Darauf begehrt die unglückliche Kriemhild zu erfahren, wer ihren Gatten so feige mordete, doch die Verräter schweigen. Sie verlangt nun von allen Anwesenden, dass jeder noch einmal an dem aufgebahrten Leichnam vorüberschreiten müsse. Als die Reihe an Hagen ist, brechen die Wunden des Toten auf wundersame Weise wieder auf und offenbaren so den Mörder. Es heißt, nach diesen Geschehnissen hätte Hagen den sagenhaften Nibelungenschatz im Rhein versenkt, andere wollen wissen, er hätte den Hort nach Lochheim, einer unterirdischen Höhle geschafft, um später über ihn zu verfügen. Das Geheimnis nahm er allerdings mit in den Tod, den er später durch Kriemhilds Schwerthand am Hofe des Hunnenkönigs Attila findet.

Hagens rätselhafte Gestalt, die schon im Waltharilied des 9. Jh. auftaucht, widersetzt sich hartnäckig der Herleitung einer stoffgeschichtlichen Herkunft und scheint es seinem Wesen entsprechend vorzuziehen, im Dunkel der Vergangenheit zu verbleiben. Sein Mord an Siegfried mag jedoch nicht ganz zufällig an den rituellen Speertod gemahnen (s. **Gungnir**), mit dem gefallene Helden **Odins** Walhall zugeführt wurden.

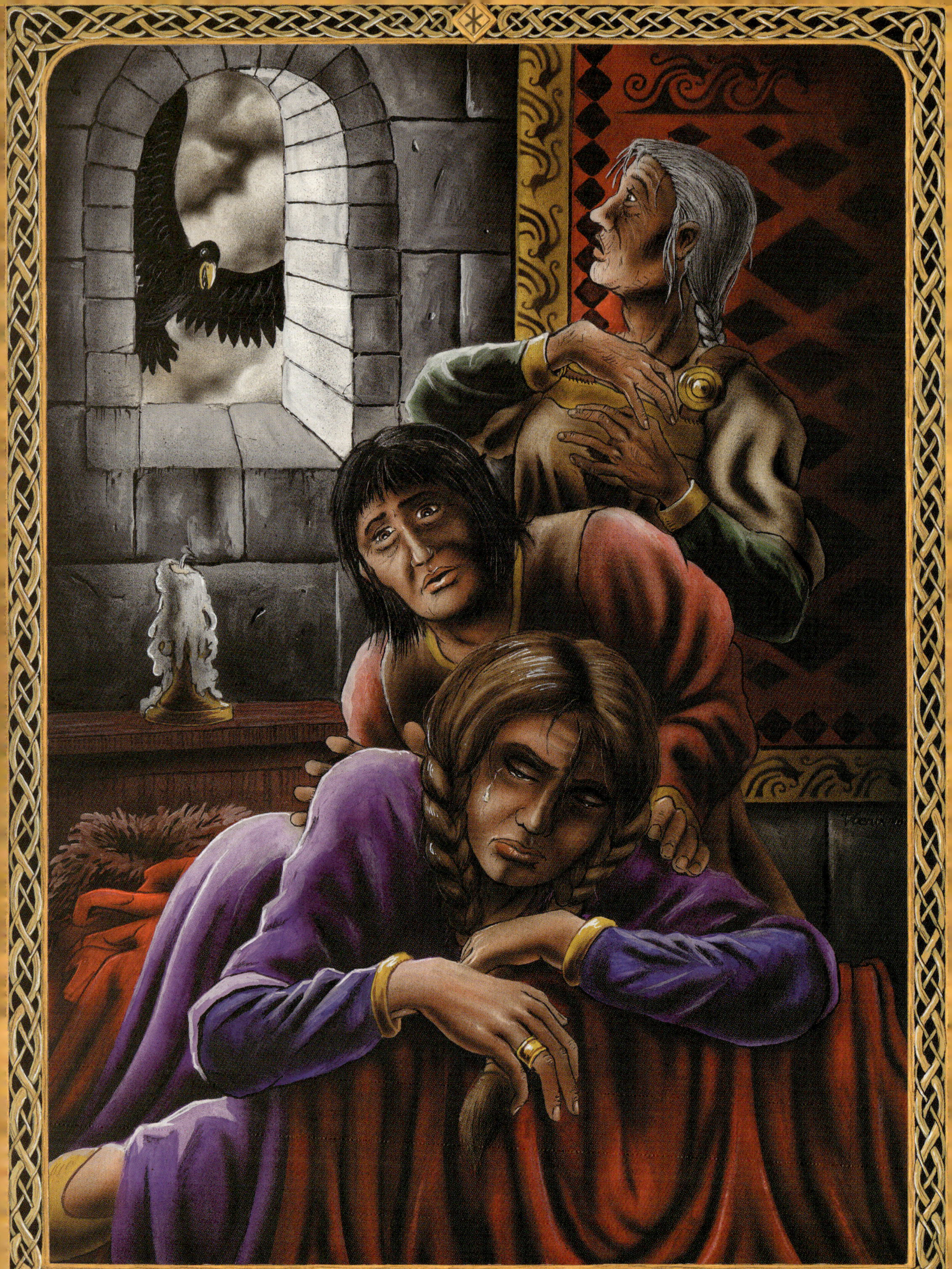

Kriemhild

58. Kriemhild, die Prinzessin

Kriemhild ist im Nibelungenlied die Tochter von Königin Ute und König Dancrat, dem Herrscher über Burgund. Ihre Brüder sind **Gunther**, Giselher und Gernot. Behütet wächst sie am Königshofe auf, wo sie sich in anmutiger Schönheit und Tugend von allen anderen Frauen abhebt. Ein böser Traum prophezeit ihr jedoch ein schweres Schicksal, das schon bald darauf seinen Lauf nimmt, als **Siegfried**, der ruhmreiche Drachentöter, nach Worms geritten kommt. Beide verlieben sich aufs heftigste ineinander und nach manchen Begebenheiten kommt es endlich zur Heirat. Doch die glückliche Zeit währt nicht lange. Siegfried, der aufstrebende Held, der sich zunehmend Macht und Ansehen erwirbt, ist den Burgundern schon bald ein Dorn im Auge. Ein Gemisch aus Intrigen, Eifersucht und ungeklärten Machtverhältnissen führen schließlich zum Tod des Drachentöters, der von **Hagen** auf einer fingierten Jagd hinterrücks gemeuchelt wird. Seinen leblosen Körper legt man Kriemhild vor die Türe ihrer Kemenate. Wie versteinert kniet die junge Frau am nächsten Morgen vor der Leiche ihres Mannes. Keine Träne vermag sich zu lösen, bis die Mägde ihr den Rat geben, den Gatten noch einmal zu umarmen, worauf sich aller Schmerz, Ohnmacht und Verzweiflung entladen. Ihr weiterer Lebensweg ist von Trauer und zwanghaften Rachegedanken auf Hagen und ihre Brüder erfüllt, die schließlich den blutigen Untergang des gesamten Nibelungengeschlechtes am Hofe des Hunnenkönigs Attilas zur Folge haben.

Die dramatische Gestalt Kriemhilds wandelt sich im Verlauf der Geschichte von der holden Jungfer zum grimmigen Todesengel. Diese drastische Entwicklung ist vor allem dem Dichter des Liedes zu verdanken, der in Kriemhild die Charaktere von zwei verschiedenen Frauen zusammenfasste, welche ihm als literarische Vorlagen dienten. In der Rolle der sittsamen Königstochter findet sich eine schier gänzliche Übereinstimmung mit der Gudrun aus der nordischen Wölsungensage. Doch während Kriemhild rachsüchtig die Initiative ergreift, fügt Gudrun sich in ihr Schicksal und versucht auch weiterhin, ihre Brüder vor der Goldgier ihres Gatten Attilas zu schützen. Als sie scheitert und ihre Sippe den Tod am Hofe des hunnischen Herrschers erleidet, wartet Gudrun geduldig die Siegesfeierlichkeiten ab, um die erschöpften Zecher bei Nacht in Atlis Halle niederzubrennen.

Chronisten sehen Kriemhild/Gudrun als dichterische Nachfolgerin der germanischen Hildico (Hildchen), die um 453 n. Chr. den Hunnenfürsten Attila heiratete und in dessen Todesnacht an seiner Seite war. Trotz dieser offensichtlichen Parallele hat sich der Dichter noch von einer ganz anderen Frau inspirieren lassen. Ihr Name: Gisela, Enkelin des König Konrads von Burgund und Gemahlin des Ungarnkönigs Stephan, der Vergleichen mit dem König Etzel (Attila) des Nibelungenliedes standhält. Gisela, die später als Äbtissin heilig gesprochen wurde, war schon frühes Opfer gefälschter Chroniken, die versuchten, aus ihr eine hinterhältige Mörderin zu machen.

Regin

59. Regin, der Mächtige

Regin ist einer der drei Söhne des König Hreidmar und übt das Handwerk des Schmiedens aus. Die Wölsungensage berichtet folgendes über ihn: Nachdem die drei Asengötter **Odin**, Hönir und **Loki** dem Hreidmar das **Rheingold** als Wergild für dessen erschlagenen Sohn Ottur (Otter) ausgehändigt haben, verfallen der König und seine beiden Söhne Regin und Fafnir gänzlich der dunklen Anziehungskraft des Goldes. Es kommt zum Streit, in dessen Folge die Söhne ihren Vater töten. Sie raffen den Hort zusammen und fliehen. Fafnir, der Stärkere der beiden, jagt Regin fort und legt sich von da ab auf das verfluchte Gold, wodurch er im Laufe der vielen Jahre zu einem Drachen regrediert. Niedergeschlagen, ohnmächtig und voller Zorn auf seinen Bruder, geht Regin darauf in die Fremde. Er begegnet einem Zwerg namens Windhalf, der ihn unter der Erde in die vollständige Schmiedekunst der Schwarzalben einführt.

Schließlich gelangt Regin zu König Hialprek, dem Ziehvater des jungen Sigurd (**Siegfried**). Als er an dessen Hof zu schmieden beginnt, bittet der König Regin, den kräftigen Sigurd in die Lehre zu nehmen. So reift in dem alten Schmied ein heimtückischer Plan heran, wie er den Jüngling für seine Zwecke nutzen kann. Immer wieder erzählt er Sigurd von Fafnir, dem riesenhaften Lindwurm und reizt ihn damit, dass es wohl keine größere Heldentat auf Erden für einen Kämpfer gebe, als einen Drachen zu erschlagen. Zuvor muss er noch drei Schwerter für Sigurd fertigen, denn erst das letzte hält der gewaltigen Kraft des Jünglings stand. Mit dieser Waffe ausgerüstet macht sich Sigurd auf, den Drachen zu bezwingen, während Regin den Kampf aus sicherer Entfernung beobachtet. Als Fafnir besiegt in seinem Blute liegt, schneidet Regin dem Drachen das Herz aus dem Leib mit der Bitte an Sigurd, es ihm zu braten, während er selbst etwas schlafen wolle. Der Jüngling tut wie ihm geheißen, kostet dabei aber versehentlich selbst von dem Herzen und versteht plötzlich die Sprache der Vögel, die ihn vor dem Verrat seines Lehrherren warnen.

Da nimmt Sigurd sein Schwert, trennt Regin den Kopf vom Rumpf und isst selbst das Drachenherz. So finden die beiden unrühmlichen Brüder nach vielen Jahren am selben Tage den Tod.

Im Nibelungenlied spielt Regin keine erachtenswerte Rolle. Nachdem er von seinem Bruder fortgejagt wird, fristet er ein erbärmliches Dasein im Unterholz und degeneriert über die Jahre zu einem verschrumpelten Gnom, der hasserfüllt auf eine Gelegenheit wartet, es seinem Bruder heimzuzahlen. Als sich diese durch Siegfried ergibt, wiederholt sich das eben geschilderte Szenario. Der Schmiedemeister, bei dem Siegfried sich zuvor sein Schwert anfertigt, ist hier ein verräterischer Zwerg Namens Mime.

Das Wort „regin" (auch rigndomr), ist im Nordischen und Sächsischen bezeugt und bezeichnete eine ratende und richtende Versammlung der Götter, ähnlich dem Thing (s. auch **Tyr** und **Forseti**). „Ragin" im Altgotischen bedeutet „Rat", so dass „regin" die Götter als Rater und Richter umschreibt, deren einmal gefälltes Urteil das menschliche Schicksal bestimmte. Den Ziehvater Sigurds durch seinen Namen als (falschen) Ratgeber und das daraus für Sigurd entstehende Schicksal zu deuten, wäre somit zwar nahe liegend, bleibt jedoch nur moderne Spekulation.

Gunther

60. Gunther, König von Burgund

Gunther, König der Burgunder, herrscht im Nibelungenlied gemeinsam mit seinen beiden jüngeren Brüdern Giselher und Gernot über Worms. Sein treuer Waffenmeister und Berater ist der grimmige **Hagen**, der ihm bis zum Tod zur Seite steht. Obwohl König Gunther gemeinhin als großer Kämpfer und Herrscher aufgeführt wird, ist doch nicht zu übersehen, dass er bei wesentlichen Entscheidungen und Taten auf menschlicher Ebene versagt. In einer eher unrühmlichen Begebenheit des Walthariliedes aus dem 9. Jh. erliegt Gunther der Gier nach Gold, welches er in den Satteltaschen des Ritters Walther vermutet, der sich mit seiner Verlobten Hildegund auf der Flucht vor den Hunnen befindet. Um an das Gold zu gelangen, hetzt Gunther viele seiner Getreuen in den Tod und die Geschichte endet damit, dass alle Beteiligten schwere Wunden davontragen.

Im Nibelungenlied zieht der König aus, um die Walküre **Brünhild** zu freien. Zuvor aber muss er sich mit dieser in drei Wettkämpfen messen. Ohne die heimliche und tatkräftige Hilfe **Siegfrieds** scheint ihm der Tod sicher, doch Dank einer unsichtbar machenden Tarnkappe, streitet dieser erfolgreich anstelle des Königs. Später verhilft Siegfried Gunther erneut zum Triumph, als sich diesem die kräftige Brünhild im Schlafgemach verweigert und den schwächlichen Gatten kurzerhand mit ihrem Gürtel an einen Haken hängt. Als Brünhild den Betrug durchschaut, stachelt sie Hagen und Gunther dazu auf, Siegfried ermorden zu lassen. Gunther, der in seiner Rolle als König stets hoch hinaus will, findet sich schließlich mit den eigens entfesselten Schicksalskräften überfordert. Am Ende der Sage sterben er, seine Brüder, Hagen und sämtliche burgundischen Kämpfer am Hofe König Attilas, wo **Kriemhild** an ihnen allen grausame Rache nimmt.

Gunnar lautet sein Name im nordischen Wölsungenepos. Dort ist er der Sohn der Grimhild (Uote) und des Königs Gjuki (Dancrat). Högni (Hagen) ist sein Bruder und beide stiften den gemeinsamen Halbbruder Guthorm zum Mord an Sigurd (Siegfried) an. Später werden sie von Atli (Attila/Etzel), dem Bruder der Brynhild, an dessen Hof gelockt, da der Hunnenherrscher das **Rheingold** in seinen Besitz bringen möchte. Högni wird das Herz herausgeschnitten, während Gunnar sein Leben in einer Grube voller giftiger Schlangen aushaucht.

Geschichtlichen Quellen zufolge handelt es sich um jenen König Gunther, der im Jahre 411 einen Vertrag mit den Römern schloss und das Volk der Burgunder über den Rhein brachte.

In vielen Kulturen galt der König als sichtbarer Ausdruck des schaffenden Schicksals und Glück seines Landes. Als oberster Repräsentant seines Volkes musste er sich stets im Vollbesitz seiner Vitalität befinden, die er zuweilen öffentlich unter Beweis zu stellen hatte. Traten Mängel, Versagen oder Altersschwäche auf, wurde er abgesetzt oder rituell getötet.

Sigdrifa

61. Sigdrifa, die Siegreiche

Sigdrifa ist eine **Walküre** und findet sich in der „älteren Edda" unter den Heldenliedern, von denen eines nach ihr benannt ist. Dieses „Lied von Sigdrifa" (Sigrdrifomal) fügt sich in eine Reihe anderer Erzählungen um das Leben des Recken Sigurd (**Siegfried**) ein, in dessen Verlauf er der Walküre begegnet und von dieser wertvollen Rat erhält.

Nachdem Sigurd den Drachen bezwungen hat, reitet er Richtung Frankenland. Unterwegs bemerkt er einen Berg, auf dem ein ungewöhnlich helles Licht erstrahlt. Als er sich nähert, erblickt er ein gewaltiges Feuer, das zum Himmel emporlodert und den Berg wie einen Ring aus Flammen umgibt. Sigurd durchquert die Waberlohe und findet eine schlafende Gestalt in voller Rüstung auf dem Boden liegend. Er löst ihr die Brünne und nimmt ihr den Helm vom Haupte. Darauf wallt ihm eine lange Haarpracht entgegen und er blickt in das Antlitz einer wunderschönen Frau. Als diese erwacht, erkundigt sie sich, wer ihren Zauber gebrochen habe. Sie stellen einander vor und die Walküre berichtet, dass **Odin** sie zur Strafe für ein Vergehen mit einem Schlafdorn gestochen und ihr befohlen habe, keine Kämpfe und Siege mehr auszufechten, sondern sich mit einem Sterblichen zu vermählen. Da habe sie ein Gelübde getan, dass sie sich nur einem Mann hingeben wolle, der sich vor nichts fürchte und den Flammenring durchschreite. Als sie in Sigurd diesen Mann erkennt, reicht sie ihrem Befreier ein Horn voll Met und gibt ihm Minnetrank. Darauf bittet Sigurd die Walküre, ihn Weisheit zu lehren, und so weiht sie ihn während eines rituellen Aktes in die Geheimnisse der Runen ein und lehrt ihn noch manch andere Lebensregel. Sie versprechen einander die Treue und besiegeln dies mit Eiden, wobei Sigurd ihr den Ring Andwaranaut (s. **Andwari**) aus dem **Rheingold**schatz überlässt.

Über den weiteren Verlauf dieser Version, die mit der „Erweckung der Walküre" als Krönung aller Heldenlieder gilt, gehen die Meinungen der Fachleute auseinander. Einige sind der Ansicht, dass es sich bei der Gestalt der Brynhild (**Brünhild**) sehr wohl um die Fortsetzung des Lebens der Sigdrifa handelt, aus deren Zusammenkunft mit Sigurd später eine Tochter mit Namen Aslaug hervorgeht.

Überliefert ist weiter, dass Sigurd nach dieser Begegnung von der Burgunderkönigin Grimhild (Uote) einen Vergessenheitstrunk gereicht bekommt (vermutlich nachträglich eingefügt, um den Makel der Untreue zu beseitigen), worauf sich dieser augenblicklich in Gudrun (**Kriemhild**) verliebt. Er wird der Blutsbruder der Burgunder und verhilft König Gunnar (**Gunther**) dazu, die Walküre Brynhild zu ehelichen.

Im Nibelungenlied ist es Brünhild, der Siegfried die Treue verspricht und sein Wort bricht, als er Kriemhild heiratet und Gunther hilft, Brünhild zu bezwingen und zu ehelichen. So entsteht ein furchtbares Sippendrama, das mit dem Tod aller Beteiligten endet.

Die Erzählung um die Walküre, deren poetische Ausschmückung im Mittelalter vor allem die Kirche zum Anlass nahm, die himmlische Vereinigung „hiros gamos", die Hoch-Zeit des Menschen, zu verklären, dürfte auf weit älteren Einweihungsriten wie dem keltischen Beltane-Fest beruhen. Es gibt einige Hinweise darauf, dass manche weise Frauen als Priesterinnen der Göttin darauf spezialisiert waren, Männer durch sexualmagische Techniken (Seidr) Weisheit und Wissen zu lehren.

Andwari

62. Andwari, der Vorsichtige

Andwari, ein Zwerg, ist der ursprüngliche Hüter des Nibelungenschatzes, des **Rheingolds**. Er gehört zum Geschlecht der Schwarzalben, hat dieses Gold zuvor den Rheintöchtern entwendet und besitzt die Gabe des Gestaltwandelns. Sein Zuhause wird als „Fors", ein Wasserstrudel, angegeben, den ihm einst eine böse **Norne** zugewiesen haben soll. Gleich einem Drachen wacht er mit akribischer Vorsicht darüber, dass keines der kostbaren Kleinode abhanden kommt. Der berühmte Ring Andwaranaut ist der wesentlichste Teil dieses Schatzes, da ihm goldererzeugende Kräfte nachgesagt werden, ähnlich dem **Draupnir**-Ring.

In einigen deutschen Sagen trat an die Stelle des Ringes gelegentlich die Wünschelrute, die ihren Eigner zum Schatz hinführte. Wer das Glück besaß, den Wächter eines Hortes zu überlisten oder zu besiegen, hatte jedoch nur dann Freude an seiner Beute, wenn der Schatz nicht verflucht war.

Ein Kenning für das Rheingold lautet „Otterbuße" und die dazugehörige Sage lautet folgendermaßen: Die drei Asen **Odin**, Hönir und **Loki** wandern durch die Welt. Als sie Hunger verspüren, entdecken sie an einem Fluss einen Otter, der einen Lachs erbeutet hat. Loki tötet das Tier mit einem Steinwurf, wodurch er dieses und dessen Fang auf einmal erbeutet. Bald darauf kommen die drei an den Hof des König Hreidmar, der in dem abgezogenen Otterfell, welches Loki bei sich führt, seinen ermordeten Sohn erkennt. Der König befiehlt die drei Fremden einzusperren, worauf Odin dem Hreidmar Lösegeld für seinen erschlagenen Sohn anbietet. Der König nimmt das Fell und verlangt, den Balg gänzlich mit Gold aufzufüllen, worauf Odin nun Loki nach Swartalfheim schickt, um dort das Rheingold zu bergen. Zuvor besorgt sich Loki von der Meeresriesin Ran deren Netz, um damit Andwari zu fangen, der die Gestalt eines Hechtes angenommen hat. Als Loki dies gelungen ist und der Zwerg im Netz zappelt, droht er, ihn nur gegen die Herausgabe des Goldes wieder freizugeben. Da schleppt Andwari den gewaltigen Schatz hervor, nur einen kleinen Ring schiebt er in seinen Ärmel. Das aber sieht Loki und verlangt auch diesen. Obwohl Andwari flehentlich bittet, ihm diesen Ring doch zu lassen, da er sich mit diesem seinen Reichtum wieder mehren könne, besteht Loki auf den Ring. Darauf fängt der Zwerg furchtbar zu toben an und verflucht den Schatz über mehrere Generationen, dann fällt er tot zu Boden. Loki erwidert zuletzt, der Spruch werde sich dadurch erfüllen, dass er ihn jenem zu Gehör bringen wolle, der den Ring als nächster empfange. So geschieht es auch und der verfluchte Andwaranaut bringt all seinen nachfolgenden Eignern Unheil und Verderben. Zunächst der Sippe Hreidmars, dann **Siegfried** und **Brünhild** (s. auch **Sigdrifa**), die ihr Verlöbnis mit dem Ring besiegeln, später **Kriemhild**, die den Ring als Morgengabe erhält und schließlich das gesamte Burgundergeschlecht.

Der Mythos von der Verderblichkeit des Goldes, die alle Völker heimsucht, sobald sie erst einmal ins Zeitalter des Materialismus eintreten, ist aktuell wie nie zuvor. Schon Tacitus bezeugte eine instinktive Scheu vieler Germanen vor zuviel gleißendem Golde, da es im Menschen Gelüste wecke, die ihn völlig von sich entfremden. So heißt es in einem altnorwegischen Runengedicht: „Gold führt in der Sippe zu Zwietracht und Hader".

Das Rheingold

63. Das Rheingold

Rheingold lautet die Bezeichnung für den sagenumwobenen Hort, der im Nibelungenlied von dem Zwerg Alberich gehütet wird. Ursprünglich soll dieses Gold auf das Geschlecht der Alben (s. auch **Sindri** und **Brokk**) zurückgehen, die im Laufe der Jahrhunderte die kostbarsten Reichtümer herstellten und zusammentrugen. Die Edda berichtet, dass der Zwerg **Andwari**, welcher in Gestalt eines Fisches den Schatz verwaltet, eines Tages von dem Gott **Loki** gefangen und zur Herausgabe des Schatzes genötigt wird. Darauf verhängt der Zwerg einen furchtbaren Fluch über das Gold, das im Verlauf der Sage mehrmals den Besitzer wechselt und jedem folgenden Eigner Unglück beschert. Die Ursache für den Raub des Hortes ist im vorigen Kapitel nachzulesen.

Im Zusammenhang mit der Verderblichkeit des Goldes steht vor allem die Gestalt Fafnirs, der als Erstgeborener König Hreidmars den Vater tötet, als dieser sich weigert, das Gold mit seinen Söhnen zu teilen. Fafnir flieht mit dem Schatz und verjagt seinen jüngeren Bruder **Regin**, der fortan auf Rache sinnt. Darauf schafft Fafnir den Schatz in eine Höhle, legt sich zu seinem Golde und verwandelt sich schließlich in einen Drachen, der später von **Siegfried** bezwungen wird.

In einer leicht abgeänderten Version besiegt Siegfried zunächst die Brüder Schilbung und Nibelung, die ihn zuvor baten, das Gold zwischen ihnen beiden gerecht aufzuteilen. Er wird zum König des Nibelungenreiches und setzt den Zwergen Alberich als Schatzwächter ein. Später wird der Hort auch Siegfried zum Verhängnis.

Dass an den Besitz kostbarer Dinge nicht selten Unheil und Verderben geknüpft sind, wissen viele Fabeln zu berichten. Ebenso häufig werden diese Reichtümer von Drachen oder Schlangen bewacht, die mit Vorliebe auf dem Golde liegen und es zuweilen nach draußen schaffen, um darin ein Bad zu nehmen und es mit Sonnenkraft „aufzutanken". Daher stammt das Kenning „Wurmbett", auf dem der Drachen leuchtend liegt. Die Faszination unermesslicher Schätze wurde von den schon christlich beeinflussten Sängern geschickt mit den teuflischen Absichten der Schlange verbunden, deren dunkle Sinne einen beseelten, wenn man der Gier des Goldes erlag. Drachen und Schlangen werden jedoch noch weitere Eigenarten nachgesagt. Wie manche Riesen sind sie oft weise und hochbetagt. Der Genuss ihres Herzens vermag einem auf wunderbare Weise die Sprache der Tiere zu vermitteln und das Bad in ihrem Blute beschert die berühmte Unverwundbarkeit. Ihre zwingende Sucht nach Gold ist jedoch sprichwörtlich und sie geraten in fürchterlichen Zorn, sobald man ihnen auch nur ein einziges Kleinod raubt.

Bis zuletzt versuchen die verschiedensten Personen in den Besitz des Rheingoldes zu gelangen, bis schließlich **Hagen** von Tronje dem ein Ende setzt. Er versenkt den ganzen Schatz an einer tiefen Stelle des Rheins, wo er auch heute noch, von den Rheintöchtern bewacht, liegen soll.

Tiere innerhalb der Schöpfungslehre

Tier- und drachenähnliche Gebilde finden sich fortwährend in der altnordischen Ornamentik. Ihre Schlangen und Drachenköpfe zierten aus verschiedenen Gründen die Steven der Wikingerschiffe, und nicht selten wurde das Schiff als „Wellenross", „große Schlange" oder „Drachenboot" bezeichnet. Großer Beliebtheit erfreute sich ebenso der Brauch, Waffen mit Namen zu versehen, die auf gefährliche und starke Raubtiereigenschaften hinwiesen. Obwohl sich keinerlei Anhaltspunkte für die Existenz von Tiergeistern oder Tierdämonen innerhalb der germanischen Kosmogonie finden, scheinen einige Menschen sehr wohl imstande gewesen zu sein, mit der „Seele" eines Tieres (auch ihrer Fylgje oder ihrem Totem) in Kontakt zu treten, um sich dessen Kräfte anzueignen. Einige Götter hingegen besaßen die Gabe, sich nach Belieben gänzlich in ein Tier ihrer Wahl zu verwandeln. Dass einzelne Tiere ihrer Eigenschaften wegen besondere Verehrung genossen, zeigt sich vor allem darin, dass sie einigen Göttern als wichtige Attribute beigegeben oder zugeordnet wurden.

An erster Stelle findet sich zunächst das Pferd, das klügste und edelste aller Tiere, das seinen Reiter zu erhöhen vermag und im Märchen nicht selten die Kunst des Sprechens beherrscht. Es fühlt und leidet mit seinem Besitzer und geleitet ihn gehorsam an das Ziel seiner Wahl. Himmlische Rosse ziehen die Wagen der Gestirne, und auch die Heldensage überliefert uns die Namen berühmter Pferde. Die bedrohliche Seite verkörpern hingegen Wolf, Schlange und Drachen, die sich durch gefräßige Gier und Heimtücke hervortun, zuweilen aber auch einen ambivalenten, da initiatorischen Symbolcharakter besitzen. Die Schnelligkeit, Instinkt und Furcht einflößende Kraft des Wolfes werden geschätzt, ebenso die Stärke und Wildheit des Bären, dem germanischen König der Tiere. Eber und Ziegenbock gelten vorwiegend als heilige Opfertiere, die Fruchtbarkeit, Stärke und göttlichen Segen garantieren sollen. Bei den Vögeln hebt sich der Adler majestätisch vor allen anderen ab, gefolgt von Schwan, Rabe, Falke und Habicht. Die Kuh, das Schwein, Ziege und Katze haben ihre deutliche Entsprechung und stehen im direkten Zusammenhang mit weiblicher Fruchtbarkeit. Die unsterblichen Hirsche im Geäst der Welteneschē, die nie versiegende Quelle aus dem Euter der Ziege Heidrun und der sich stets erneuernde Eber in den Kochtöpfen Walhalls erinnern an jene Fabeltiere die seit frühester Zeit ihren festen Platz in den Sagen, Legenden und Märchen einnehmen. Wenn die furchtbare Schlange Nidhögg und andere Würmer, an der bis ins Totenreich ragenden Wurzel des Weltenbaumes nagen, so gemahnt dies freilich an die christlich-überholten Vorstellung einer von giftigen Schlangen bevölkerten Hölle, fügt sich jedoch auf natürliche Weise in die bestehende Ordnung ein. Ob all jene Tiere, die den germanischen Weltenbaum bevölkern, erst unter christlichen Einflüssen entstanden oder vielleicht durch seefahrende Nordmänner nach Skandinavien gelangten, welche die Darstellungen von tierbevölkerten Flechtwerken auf keltischen Steinkreuzen entdeckten und diese nach eigener Vorstellung nachbildeten, lässt sich heute nicht mehr beweisen. Sicherer ist, dass diese Tiere Ausdruck und Träger von mächtigen Seelenenergien sind, die in der Traumanalyse und Symbolkunde der heutigen Zeit nur unwesentlich an ihrer einstigen Bedeutung verloren haben.

Sleipnir

64. Sleipnir, der Schnelle

Sleipnir, der schnelle Läufer, ist der achtbeinige graue Schimmel des Göttervaters und das schnellste aller Asenpferde. Gezeugt wurde das Tier von dem kräftigen Arbeitshengst **Swadilfari**, den **Loki** in der Gestalt einer Stute von seinem Vorhaben ablenkte, die Burg der Asen fristgerecht zu vollenden. Das Ergebnis dieses gelungenen Ablenkungsmanövers ist schließlich Sleipnir, das als Schamanenpferd schlechthin gilt, da es seinen Reiter rasch in alle Welten trägt. Auf seinen Zähnen sollen gar Runen eingeritzt sein. In einem Lied übergibt **Odin** das Pferd an seinen Sohn Hermod, damit dieser auf seinem Rücken zur **Hel** gelangen kann, um dort für Balders Freilassung zu verhandeln. Ein andermal wettet Odin mit dem Riesen Hrungnir, dass dessen Pferd Gullfaxi es nicht mit Sleipnir aufnehmen könne. Sie reiten um die Wette und es ist der Allvater, der zuerst in Asgard eintrifft. Zu den **Ragnarök**, dem letzten großen Gefecht zwischen Göttern und Riesen, reitet der einäugige Gott ebenfalls auf seinem treuen Grautier, das wie er im Rachen des **Fenrirwolfes** endet.

Odin in reitender Gestalt findet sich auf einigen skandinavischen Bildsteinen aus dem 8. Jh. Manche dieser Abbildungen zeigen sein Ross mit acht Beinen, andere hingegen nicht. Dies führte zu Spekulationen, dass die Darstellung der achtfachen Hufe damaligen Steinmetzen lediglich zum Zwecke der Veranschaulichung von Sleipnirs Geschwindigkeit gedient haben könnte, diese Steinritzungen somit erst zum Entstehungsmythos vom achtbeinigen Reittier geführt hätten. Odin selbst hingegen führt einige Namen, die deutlich seine Beziehung zu Pferden aufzeigen. Als da wären zu nennen: Hrósshársgrani (Rosshaarsgrauer), Jalkr (Wallach) oder Atridi (der Zureitende).

Über viele Jahrhunderte waren Pferde die wichtigsten und vertrautesten Begleiter der Menschen, und in der nordischen Mythologie wird manchem Gott oder Helden ein mit besonderen Fähigkeiten ausgestattetes Tier zur Seite gestellt, um Größe und Ansehen seines Besitzers noch zu unterstreichen. So soll z.B. Grani (der Graue), das Pferd des **Siegfried**, direkt von Sleipnir abstammen. Starb ein Krieger oder Häuptling, begrub oder verbrannte man mit ihm sein bestes Ross, damit dieses ihn in die Anderswelt trug, um ihm dort ebenfalls treu zur Seite zu stehen.

Die kultische Verehrung des Pferdes reicht bei den Germanen bis weit in die Bronzezeit zurück. Man hielt sich die Tiere in heiligen Hainen, um durch ihr Verhalten kommende Ereignisse deuten zu können. Neben ihrem großen Nutzen für Krieg und Ackerbau besaßen sie ebenfalls hohen Wert als Opfertiere für die Götter. Der beeindruckende Penis des Hengstes (Völsi) galt vielfach als Fruchtbarkeitssymbol und man grub ihn an Plätzen ein, von wo man sich entsprechendes Wachstum erhoffte.

In Nordisland existiert eine hufeisenförmige Schlucht mit Namen „Asbyrgi", die einer alten Sage nach durch einen Hufabdruck Sleipnirs entstanden sein soll. Sleipnir oder Sleipner war ferner ein beliebter Name für deutsche Kriegsschiffe während des 3. Reiches. Der Name „sleipnis verdr" war hingegen eine dichterische Benennung für Heu. Am Schluss sei noch ein altes Rätsel der Edda erwähnt, das die enge Verbindung zwischen Gottheit und Pferd beschreibt. Was hat drei Augen, zehn Füße und einen Schweif?

Hugin und Munin

65. Hugin und Munin

Hugin und Munin sind ein Rabenpärchen, das dem Göttervater zuweilen auf den Schultern sitzt, um ihm dort Neuigkeiten ins Ohr zu flüstern. Ihre Namen bedeuten „der Gedanke" und „Erinnerung/Gedächtnis". Im Morgengrauen schickt **Odin** sie hinaus zum Flug über die Welten. Am Abend kehren sie dann wieder heim und überbringen dem Allvater alles Wichtige, das ihnen auf ihren Rundflügen begegnet. Daher nennt man Odin auch Hrafnagud, den Rabengott.

In der Mystik und Symbolik gilt der Rabe allgemein als Sammelbegriff für die Rabenkrähe, die Saat- oder Nebelkrähe und den Kolkraben (corvurs corax). Der Rabe zieht seine Spur durch die Mythen vieler Völker und schon früh beeinflusste er in hohem Maße das Denken und Handeln der Germanen. Er gilt als neugieriger, gelehriger und kluger Vogel, der sich durch seine auffallende Intelligenz und sein schwarzglänzendes Gefieder von allen anderen Vogelarten abhebt. Sein durchdringendes Gekrächze erschreckte schon manch einsamen Wanderer, während sein Anblick auf gefrorenen, kahlen Äckern zuweilen bedrückende Gefühle von Trostlosigkeit und tiefer Todesmelancholie auslöst.

Der Rabe gilt als Aasfresser, der sich in früheren Jahrhunderten besonders gerne auf Galgenhügeln und Schlachtfeldern niederließ, um sich an den Toten gütig zu tun. Heutzutage trifft man ihn eher auf Mülldeponien und frisch eingesäten Äckern an. Sein Auftreten war stets unweigerlich mit dem Tod verbunden, weshalb man ihn auch heute noch häufig „Totenvogel" schimpft. „Ein Fressen für die Raben", ist ein altes Kenning, das einen Todgeweihten oder bereits erschlagenen Feind umschreibt. In seiner Eigenschaft als Todesbote wurde dem Raben einiges an Ehrfurcht entgegengebracht, denn er galt als Mittler zwischen den Lebenden und der luftigen Welt der Geister. Da man ihm die Fähigkeit zuschrieb, die geheimnisvollen und schauderhaften Mysterien der Anderswelt zu erkunden, wird ersichtlich, warum Odin, dem Meisterschamanen und Zauberer, zwei Raben als kenntnisreiche Gehilfen zur Seite stehen. Diese traditionelle Rolle des Vogels lässt sich noch bis ins letzte Jahrhundert zurückverfolgen, wo sich Wahrsager, Hexen, Zauberer und allerlei fahrendes Volk, Raben als Assistenten oder unentbehrliches Markenzeichen hielten.

Es finden sich schriftliche Hinweise darauf, dass unsere Vorfahren immer wieder versuchten, die Sprache und Handlungen der Vögel zu deuten. So wird von Seefahrern berichtet, die Raben für navigatorische Zwecke mit sich führten. Man ließ die Vögel auf offener See frei und folgte ihnen in der Hoffnung, möglichst schnell Land zu finden. In einer Erzählung wird dem Odin ein Opfer dargebracht, als daraufhin zwei Raben krächzen, gilt das Opfer als angenommen. Darstellungen des 6. und 7. Jh. zeigen Odin mehrmals in Begleitung zweier Vögel, was dazu führte, dass Forscher in seinen Raben Hugin und Munin die personifizierten intellektuellen Eigenschaften des Gottes sahen. Möglicherweise in Anlehnung an alte überlieferte Schriften, in denen der Rabe auch als „Vater des Geistes" bezeichnet wird.

Fenrir

66. Fenrir, der Riesenwolf

Fenrir ist die schreckliche Bestie, die wegen ihrer Gefährlichkeit von den Göttern an eine Kette gelegt wird. Über die Herkunft des Wolfes wird in der Edda folgendes berichtet: **Loki**, der spätere Verderber der Götter, soll das Tier einst mit der zauberkundigen Riesin Angrboda (Sorgenbringerin) gezeugt haben, einer argen Hexe, die tief im dunklen Eisenwalde haust, wo sie ebenso die Schlange **Jörmungand**, sowie die Todesgöttin **Hel** gebiert. An anderer Stelle heißt es, dass Loki selbst diese „Höllenbrut" zur Welt bringt, nachdem er das verkohlte, böse Herz einer Riesin gegessen hatte.

Nach ihrer Geburt beobachten die Götter diese drei seltsamen Geschwister zunächst. Als jedoch ein Orakel prophezeit, dass durch Lokis Kinder großes Unheil drohe, verbannt **Odin** die Hel in die Unterwelt, wirft die Jörmungand ins Meer und bestimmt den Kriegsgott **Tyr** als Wächter und Ziehvater für den Fenrirwolf. Als das Tier jedoch von Tag zu Tag kräftiger und sein Hunger immer größer wird, beschließen die Asen, ihn aus Sicherheitsgründen an eine Kette zu legen. Eine starke Fessel mit Namen Leding wird geschmiedet, die der Wolf jedoch mit Leichtigkeit zerbricht. Eine zweite Kette, Dromi genannt, hält ebenfalls nicht stand. Schließlich schicken die Götter **Skirnir** nach Swartalfheim, um dort von den in der schwarzen Kunst bewanderten Zwergen eine magische Kette schmieden zu lassen, die das Tier nicht zerreißen kann. Diese Fessel erhält den Namen Gleipnir und besteht aus sechs sonderbaren Dingen: dem Gang der Katze, dem Bart der Frau, den Wurzeln der Berge, den Sehnen des Bären, dem Atem des Fisches und dem Speichel des Vogels. Darauf locken die Asen den Wolf unter einem Vorwand auf die Insel Lyngwi, die im See Amswartnir liegt, und fordern das Tier auf, an dem neuen Band seine Stärke zu beweisen.

Da Fenrir jedoch eine List vermutet, verlangt er, dass einer der Götter seine Hand als Pfand in seinen Rachen lege, damit man ihn nicht täusche. Da erschrecken die Asen, einzig Tyr tritt mutig hervor und legt seinen Arm ins Maul des Wolfes. Die Fessel wird angelegt und hält stand, worauf Tyr seine Hand verliert. Nun binden die Götter das Tier an einem Felsen fest, auf den sie eine schwere Felsplatte Namens Thwiti legen. Als Fenrir wütend um sich schnappt, klemmen sie ihm zusätzlich ein Schwert zwischen die Kiefer, wodurch aus seinem offenen Rachen beständig ein giftiger Geiferstrom trieft. Zum Endkampf zwischen Göttern und Riesen (**Ragnarök**) sprengt Fenrir seine Ketten und die „Wolfszeit" bricht an. Sein Ende findet das Tier durch den starken **Widar**, der ihm mit seinem klobigen Schuh in den Rachen tritt.

Der Name „Fenrir" lässt sich in etwa mit „Sumpf" umschreiben, wonach der Wolf ursprünglich wohl als Sumpfbewohner galt. Wölfe, die in der Vergangenheit in zahlreichen Rudeln ganz Europa durchstreiften, stellten für die Menschen und ihre Tiere eine große Gefahr dar, weshalb ihre eschatologische Funktion im mythischen Weltbild der Edda gänzlich die dunkle und dämonische Seite verkörpert. Im Mittelalter wurde der Wolf von der Kirche schließlich zum Sinnbild des Teufels erhoben, der als gieriger, gerissener Räuber ständig auf unvorsichtige Schäfchen lauere, um sich deren Seelen einzuverleiben.

Aar

67. Aar, der Adler

Aar lautet die altnordische und zuweilen auch bei uns gebräuchliche (aber veraltete) Bezeichnung für den Adler. In der Edda heißt es, ein vielwissender Adler sitze als mächtiges geflügeltes Wesen im Gipfel der Weltenesche, von wo aus er, gleich **Odin** von seinem Hochsitz Hlidskjalf (am „Tor zur himmlischen Bläue des Geistes"), das Weltgeschehen überblicken könne. Nichts entgeht seinem scharfen Verstand und seinen wachen Augen, wenn sein Blick über die Erde streift. Man sagt, er sei sehr alt und wissend, aber auch leicht verdrießlich, da er beständig die (Un-)Taten der Menschen erschauen müsse. Zuweilen soll ein Habicht mit dem Namen Wederfölnir (der Wetterkundige) zwischen seinen Augen sitzen. Das Eichhörnchen **Ratatösk** überbringt dem Adler beständig Nachrichten von der Schlange **Nidhögg**, die am unteren Ende der Weltenesche haust.

Im Norden Skandinaviens galt der Aar den Menschen lange Zeit als kollektiver Schutzgeist, dem sie den Namen „eyejafördur" gaben. Man stellte sich ihn als gewaltigen Vogel vor, dessen riesige Flügel quer über die Fjorde, von einem Berg zum Anderen, reichten.

Ein Name Odins lautet Arnhöfdi, was den Göttervater als „Adlerhaupt" umschreibt, der sich einmal dieser Gestalt bedient, um seinen geraubten Skaldenmet (s. **Swafnir**) in Sicherheit zu bringen. Auch ist von einem Adler die Rede, welcher die **Walküren** umflattert, durch den diese ihre direkten Befehle von Odin erhalten sollen.

Selbst Riesen nehmen des Öfteren die Gestalt dieses Tieres an. Im altnordischen Volksglauben sitzt Hraesvelgr (Leichenverschlinger oder Fleischfresser), ein gewaltiger Riese in Adlergestalt, am nördlichen Ende des Himmels, und wenn er sich erhebt, kommen von seinen Flügelgleichen Armen alle Winde über die Welt. Als Sturmwind war er als großes, gefräßiges Wesen gefürchtet, das zeitweise gewaltige Stürme entfesselte, um seinen Hunger zu stillen. Gleichzeitig aber nahm der entfachte Wind ebenso jeglichen Aasgeruch und Moder mit sich und trug so zur willkommenen Reinigung der Luft bei.

Wenn nach dem Skaldskaparmal Odin auf **Sleipnir** mit dem Riesen **Hrungnir** über Berge und Meere um die Wette reitet und beide durch die Lüfte dahinstieben, jagen sich der Sturmgott und sein Ur-Rivale, der Sturmriese. Denn auch Odin/Wotan wurde als Bringer des alles durchdringenden und Lebensspendenden Windes gedeutet, der zum Einen das Bewusstsein brachte und zum Anderen als Oskabyr (Wunschwind) den nötigen Wind für die Schifffahrt gab. Auch die „Oskorei", die durch die Sturmwinde dahinfahrende und von **Wuotan** angeführte wilde Jagd, findet hier ihre Entsprechung.

Allgemein ist der Adler das bekannteste Symboltier himmelsstürmender Mächte, mutiger Wehrhaftigkeit, Geschicklichkeit und ungebrochenen Freiheitsdrangs. Seine Gestalt ist zahlreich in der Heraldik vertreten und ziert manches Staatsemblem. Seine Flügelspannweite kann sich bis über zwei Meter erstrecken, was ihm auch den Beinamen „König der Lüfte" einbrachte. Als Bezwinger von Schlangen und Drachen wurde er im Christentum zum himmlischen Kämpfer gegen die Mächte der Finsternis.

Ratatösk

68. Ratatösk, das Flinke

Ratatösk ist die nordische Bezeichnung für das in unseren Breitengraden weit verbreitete Eichhörnchen, das mit einer größeren Zahl anderer Tiere den germanischen Weltenbaum bevölkert. Dem Eichhorn, auch Nagezahn oder Rattenzahn genannt, kommt dabei eine besondere Bedeutung zu. Oben, auf der Krone des Baumes **Yggdrasill**, sitzt der mächtige und weit blickende Adler (**Aar**), zu dem das Nagetier die Worte der Schlange **Nidhögg** trägt, die sich, voller Neid auf die hohe Position des Adlers, um die Wurzeln der Weltenesche ringelt. Ist diese Botschaft überbracht, lässt sich seinerseits der gekränkte Adler über die „niedere" Schlangennatur aus, worauf Ratatösk seinen Rückweg antritt, um das Gesagte wieder in die Unterwelt zu tragen.

Der Adler, als Symbol der Lichtmächte und Geisteskraft, steht hier offensichtlich als Gegenpart und Feind zu den dunklen Kräften des Bösen, die durch die Schlange verkörpert werden. Dieses Bild der Gegensätzlichkeit existiert in vielen Kulturen und spiegelt den ewigen Kampf zwischen Gut und Böse bzw. Himmel und Hölle. Warum gerade das Eichhorn mit der Aufgabe des Vermittlers zwischen diesen beiden unversöhnlichen Mächten versehen wurde, wird durch eine genauere Betrachtung seiner Eigenschaften ersichtlich. Der tagsüber aktive Nager hat sich im Laufe der Evolution erstaunlich gut an das Baumleben angepasst. Mit Hilfe seiner Krallen legt er in kürzester Zeit beträchtliche Strecken zurück, gleich ob vom Wipfel zum Boden oder in umgekehrte Richtung. Schon die Griechen ordneten dieses sprunghafte und quirlige Wesen ihrem Gott Merkur, dem Überbringer von Botschaften, zu. Bei den Germanen wurde das Eichhörnchen auch mit dem listigen Loki in Verbindung gebracht und damit später, in christlicher Zeit, konsequenterweise mit dem Teufel. Der Name des Tieres ist indes nicht von der Eiche abzuleiten, sondern von der Wortwurzel „aig", was soviel wie „sich heftig bewegen" ausdrückt.

Ob all die auf dem Weltenbaum lebenden Tiere nun rein nordischen Ursprungs sind oder, wie eine These offen legt, erst von seefahrenden Nordleuten während ihres Aufenthaltes in England gesichtet und von dort aus nach Skandinavien übernommen worden sind, lässt sich heute nicht mehr beweisen. Jedoch mag man ein wenig über die Vorstellung schmunzeln, wie dieses kleine possierliche Tierchen in Windeseile den gewaltig hohen Weltenbaum rauf und runtersaust, stets eifrig darum bemüht, kleine Boshaftigkeiten zwischen den Widersachern auszutauschen. Das die wahrheitsgetreue Wiedergabe der überbrachten Worte dabei etwas auf der Strecke bleibt, scheint geradezu natürlich, sind es doch oftmals diese kleinen Sticheleien, welche die Spannung zwischen zwei Gegnern oder Kräften am Leben erhalten.

Nidhögg

69. Nidhögg, die Leichenkauerin

Nidhögg ist die fürchterliche Riesenschlange, die unter einer der gewaltigen Wurzeln der Weltenesche **Yggdrasill** haust, die tief bis nach Niflheim hinunterreichen. Seit Anbeginn der Zeit liegt sie an der Quelle des Flusses Hvergelmir und pumpt ihr ätzendes Gift in die Wurzeln des Lebensbaumes. Dabei wird sie von weiteren etwas kleineren Artgenossen unterstützt, die so zahlreich sind, „dass keine Zunge sie zählen kann." Die Namen einiger dieser Schlangen werden in der Edda aufgeführt. Ihre Aufgabe besteht einzig darin, durch das ewige Zerfressen der Faserwurzeln zu verhindern, dass der Baum zu schnell in die Höhe wächst. Weitere Strophen beschreiben Nidhögg als Leichen fressenden Dämon, was jedoch schon auf immensen christlichen Einfluss hindeutet. Gleich dem höllischen Standgericht liegt der Drache im Wasser und quält die toten Verbrecher, Verräter und Meineidigen. Er saugt ihnen das Blut und die Seele aus dem Leib und zeigt an, was jenen blüht, die sich eines Verbrechens schuldig machen.

Dass der „ewige Neiddrache" aus dem gesamten Weltgefüge nicht wegzudenken ist, verdeutlicht ein Spruch der Völuspa, wo Nidhögg gegen Ende der Ragnarök als düsterer Drachen über die Schluchten gleitet, um all die Toten und Kampfgefallenen einzusammeln, um sich an ihnen zu mästen. Erst danach entsteht die neue Welt (**Das goldene Zeitalter**), und man gedenkt unweigerlich des Sensen schwingenden Schnitters, der nun über die Schlachtfelder fliegt und reiche Ernte hält. Die Unterweltsschlange erhält die Züge eines fliegenden Drachen des späteren Mittelalters, was die Vermutung nahe legt, dass Nidhöggs „weltumstürzende" Aufgabe, erst später in Beziehung zum Weltenbaum gebracht wurde. Ein Bild, das möglicherweise durch die schlangenähnliche Form von Baumwurzeln geprägt wurde, in dessen Wirrwarr man ohne weiteres ein ganzes Schlangennest hineininterpretieren mag.

Schon früh malten sich die Menschen aus, wohin die Seelen oder Leiber der Verdammten gelangen würden. Diese Vorstellungen mit Schlangen und Drachen auszufüllen, lag nahe, und selbst des Teufels Flügel ließen sich vom Drachen herleiten. Im Volksglauben galt ein verbitterter, vom Pech verfolgter Mensch, lange als Verfluchter, dem ein Unglücksdrache folgte.

Obwohl das negative Bild der Schlange deutlich überwog, sah man sie in einigen ländlichen Gegenden auch als heilbringende, schützende, ja sogar glücksbringende Tiere. Unglück wurde erst jenem zuteil, der versuchte, eine Schlange, der man schon einmal den liebevollen Namen „Hausschlange" oder „Milchmutter" gab, zu verjagen, zu töten oder gar zu quälen. Erwähnt sei noch das Eichhörnchen Ratatösk, das dauerhaft am Stamme der Weltenesche rauf und runter läuft und zwischen Nidhögg und dem auf dem Wipfel thronenden **Aar** gehässige Worte austauscht, wodurch sich sehr bildhaft die ewige Feindschaft zwischen Geist und den niederen Instinkten der Natur abzeichnet.

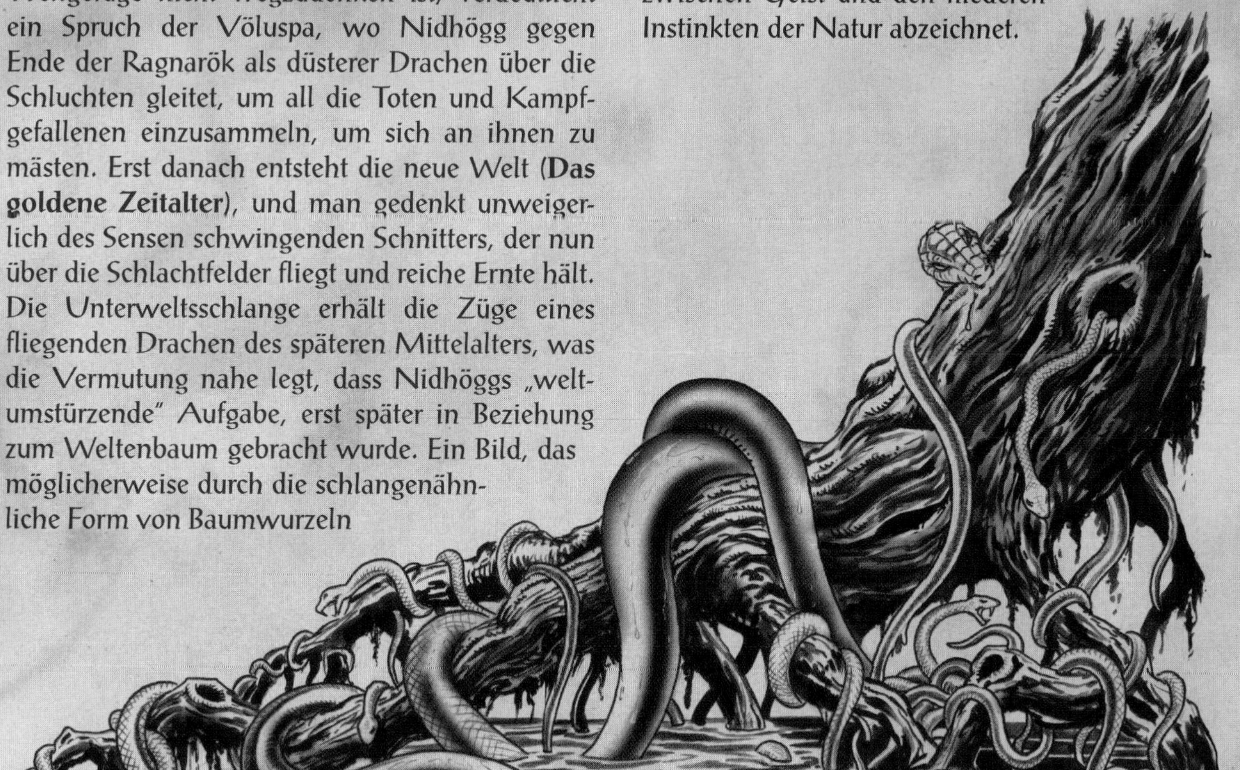

Eikthyrnir

70. Eikthyrnir, der Hirsch

Eikthyrnir ist ein stattlicher Hirsch, der im Wipfel der Welteneschee **Yggdrasill** beständig die hervorsprießenden jungen Triebe äst. Dieser Vorgang versinnbildlicht die Zeitabschnitte des Lebens, über welche Eikthyrnir durch seine Futteraufnahme bestimmt. Von seinem mächtigen Geweih fallen zeitweise große Mengen von Tautropfen, die so die Flüsse in Asgard entstehen lassen. Mit Eikthyrnir sind zudem vier weitere Hirsche mit der Regulierung der Naturzyklen betraut, sie alle halten sich in der Krone des Weltenbaumes auf.

Snorri weiß folgendes zu berichten: „...außerdem ist der Hirsch Eichdorn zu merken, der oben auf der Walhall (s. **Walküren** und **Andhrimnir**) steht und von den Zweigen des Baumes Lärad (Yggdrasill) frisst. Von seinem Geweih träufelt es so stark, dass es bis in den Hvergelmir hinab dringt und davon Flüsse entspringen, die heißen Breit, Weit, Sökin, Eikin, Kühl, Kampfgier und Fjörm." Weiter wird von vier Hirschen berichtet, deren Namen alle mit „D" beginnen: Dain, Dvalinn, Duneyr und Durathor. Sie fressen die jungen Knospen (Stunden), die Blüten (Tage) und Zweige (Jahreszeiten) des Weltenbaumes. Diese Tiere dürfen demnach als eine Art „Zeitfresser" angesehen werden, wobei Eikthyrnirs tropfendem Geweih noch eine weitere Bedeutung hinzukommt, die sich in ähnlicher Weise bei den unversiegbaren Milcheutern der Ziege Heidrun oder der Urkuh Audhumla als mythische Nahrungsquellen finden.

Bei den meisten keltischen und germanischen Stämmen galt der Hirsch als stärkstes männliches Sinnbild der Fruchtbarkeit (s. **Freyr**). Sein sich periodisch erneuerndes Geweih, wurde zum Synonym für den Kreislauf der Jahreszeiten, da der Wachstumsrhythmus der Gabeln vom Abwerfen zwischen Februar und März, bis zum Freischaben der Bast im August, äußerst exakt mit verschiedenen Reifestadien des Kornes, von dessen Aussaat bis hin zur Erntezeit, übereinstimmte.

Im altenglischen Beowulf-Epos taucht eine Festhalle mit dem Namen „Heorot" auf, was übersetzt in etwa „Hirsch–Halle" bedeutet. Die Hirschweihe galt gerade bei den Angelsachsen noch lange Zeit als Symbol der Königswürde. Die Entstehung des Hirschkultes scheint nachweislich weit über zwanzigtausend Jahre zurückzureichen. Im Verlauf des letzten Jahrtausends verschwand der Kult schließlich, da er aufgrund seiner recht freizügigen Fruchtbarkeitsriten (Beltaine/Walpurgisfest) vom Christentum geächtet, verteufelt und verfolgt wurde. Gleichzeitig galt der Hirsch den Christen als willkommenes Erlösungssymbol im Kampf gegen das Böse, da seine majestätische Erscheinung ihn über die „niederen" Tierarten stellte. Gerne wurde er in der Nähe von Wasserquellen abgebildet, da seine Anwesenheit für die Reinheit des Wassers garantierte. Noch heute finden sich mancherlei Darstellungen von Hirschen auf Taufsteinreliefs und in der Mineralwasserwerbung.

Im Märchen taucht der Hirsch bzw. die Hirschkuh gerne als ein mit besonderen Merkmalen versehenes Wild auf, das von einem (meist königlichen) Jäger verfolgt, diesem als geheimnisvoller Wegweiser auf der Suche nach sich selbst begegnet und psychologisch ein Verwandlungs- oder Erneuerungssymbol verkörpert.

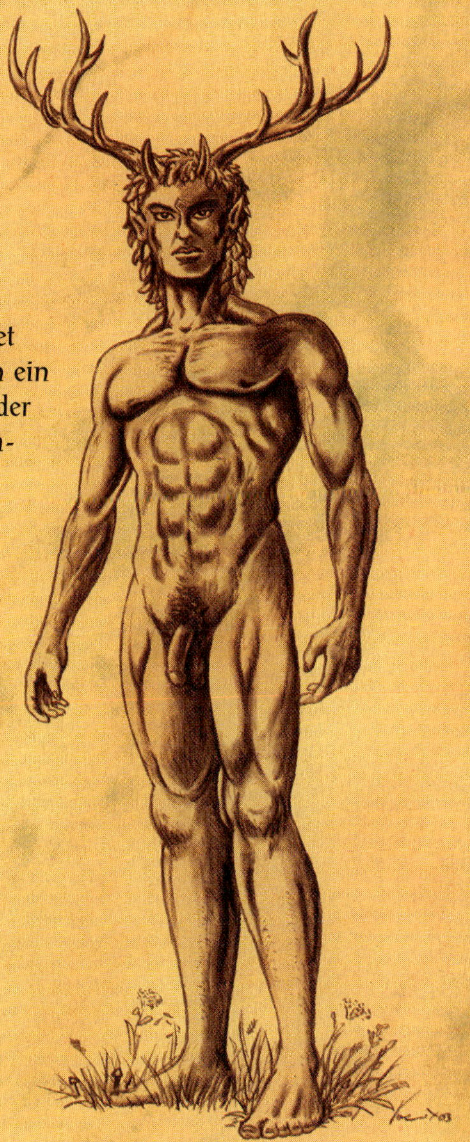

Jörmungand

71. Jörmungand, die Schlafende

Jörmungand, die gewaltige Weltenschlange, ruht auf dem tiefen Grund des Meeres. Sie ist das größte Ungeheuer der nordischen Mythologie, denn es heißt, sie hätte solch gewaltige Ausmaße, dass sie alle Länder der Erde umschlinge und ihr eigenes Schwanzende im Rachen trage. Trinkt sie, so tritt Ebbe ein, gibt sie das Wasser wieder von sich, entsteht die Flut. Als ihre Erzeuger werden der ränkereiche **Loki** und die Riesin Angrboda (Sorgenbringerin) angesehen. Einst wurde die Schlange mit ihren beiden Geschwistern **Hel** und **Fenrir**, von **Odin** aus dem Götterhimmel verbannt. Seitdem liegt sie auf dem Grund des Urozeans und wartet, bis sie die nötige Größe erreicht hat, um alles Leben zu verschlingen. Dementsprechend groß ist die Furcht der Götter und Menschen vor ihrem Erwachen.

Als der größte Feind des Seeungeheuers gilt der Donnergott **Thor**, der Schirmer Asgards und Midgards, welcher sich mehrmals mit ihr im Kampfe misst. Einmal fährt er mit dem Riesen Hymir zum Fischen aufs Meer hinaus, um die Jörmungand mit einem Ochsenkopf zu ködern. Als die Seeschlange anbeißt und Thor sie nach oben ziehen will, schneidet jedoch der ängstlich gewordene Riese die Angelschnur durch und die Schlange stürzt ins Meer zurück. Ein andermal hält sich Thor bei dem Riesen Utgardloki auf, der im Verlauf eines Wettkampfes den Gott auffordert, eine große Katze vom Boden hochzustemmen. Thor scheitert an dem unmöglichen Unterfangen, da die sich endlos biegsame Katze niemand anderes als die verzauberte Midgardschlange ist, an der er sich somit ein zweites Mal die Zähne ausbeißt. In den **Ragnarök** stehen sich die beiden Gegner schließlich ein letztes Mal gegenüber. Thor besiegt zwar das Untier, kann sich aber nur noch neun Schritte davon schleppen, bis auch er, vom Gifthauch der Schlange tödlich verwundet, zu Boden sinkt.

Das endlose und unergründliche Meer wurde schon immer mit allerlei Tiergestalten versehen und galt bzw. gilt als Brutstätte aller möglichen Ungeheuer. Bei vielen in Küstennähe sesshaften Völkern wurden Überschwemmungen und Erdbeben auf das Sich-Winden eines riesenhaften Meeresungeheuers zurückgeführt, das in seinem Schlaf gestört worden war. Das Christentum sah in dem mythologischen Drachen den verkörperten Leviathan, jenes aus den Lastern der Menschen entstandene Ungeheuer, das der Gottvater mit der Angel fängt und möglicherweise als Vorlage für Thors Angelabenteuer diente.

Die sich in den Schwanz beißende Schlange (Uroboros) ist ein weit verbreitetes Symbolbild, das die Unendlichkeit und den Kreis der ewigen Wiederkehr verkörpert. Das sich durch Häutung stets „verjüngende" Tier, wurde zur prädestinierten Metapher für alles Zyklische, vom Weltuntergang bis hin zu seiner Neuschöpfung. Die Tierstil-Ornamentik der nordischen Völker, bediente sich mit Vorliebe der Darstellung von Drachen und Schlangen, da sie neben ihrem gefürchteten Aussehen auch als kraftpotentielle und unheilabwehrende Wesen galten. Dies dürften die Hauptgründe für die geschnitzten Tiersteven der Wikingerschiffe gewesen sein.

Swadilfari

72. Swadilfari, der Riesenhengst

Swadilfari ist der bärenstarke Hengst des Riesenbaumeisters Smidhr, welcher diesem als Lasttier zur Seite steht, um die Burg der Götter in Asgard zu erbauen. Als der Krieg zwischen Wanen und Asen endlich beigelegt ist, stehen die Götter vor den Trümmern ihrer Burg. Sie beratschlagen sich, was zu tun sei, um möglichst rasch wieder einen wirkungsvollen Schutz gegen die drohenden Riesen zu erhalten. Da kommt ein sich als Baumeister ausgebender und verkleideter Riese daher und bietet an, den Göttern in drei Halbjahren eine sichere Burg zu errichten. Als Gegenleistung fordert er allerdings die Liebesgöttin **Freyja**, außerdem die Sonne **Sol** und den Mond **Mani**. Die Götter halten Versammlung und auf **Lokis** Anraten hin, einigt man sich schließlich, auf den Vorschlag des Baumeisters einzugehen. Allerdings wird die Bedingung gestellt, dass die Festung in nur einem einzigen Winter fertig dastehen müsse, sei am ersten Sommertag noch etwas unvollendet, so solle der Baumeister seiner Ansprüche verlustig gehen. Eine weitere Bedingung ist, dass Smidhr bei seiner Arbeit niemand unterstützen dürfe. Doch kann der Riese mit Lokis Fürsprache durchsetzen, dass ihm sein Pferd Swadilfari zur Seite stehen darf.

Am ersten Wintertag beginnt nun der Baumeister mit seiner Arbeit, und die Götter staunen nicht wenig, als sie der enormen Leistungsfähigkeit des Hengstes gewahr werden, der Stein um Stein auf einem großen Lastenschlitten herbeizieht. Täglich wird die Burg höher und stärker, schließlich so wuchtig, dass eine Erstürmung durch die Riesen unmöglich scheint. Drei Tage vor Ablauf der ausgehandelten Frist ist die Mauer fast fertig und bestürzt fragen sich die Asen untereinander, wer denn den voreiligen Vorschlag gemacht habe, auf diese Wette einzugehen, in der Freyja, die Sonne und der Mond als Preis ausgesetzt seien. Der Schuldige ist schnell gefunden und man droht Loki mit dem Tode, falls er nicht eiligst einen Ausweg aus der bevorstehenden Misere finde. Als am Abend der Riese und sein Ross wieder ausfahren, um neue Steine zu holen, galoppiert eine fremde Stute an den Hengst heran und wiehert diesem rossig zu. Swadilfari ist darauf nicht mehr zuhalten, zerreißt die Seile und eilt der im Wald verschwindenden Stute hinterher. Als der Baumeister erkennt, dass er das Nachsehen hat und seine Arbeit nicht termingerecht beenden kann, gerät er in „Riesenzorn" und lässt seine Maskerade fallen. Als die Götter dies gewahren, fallen endgültig alle Eide und sie rufen **Thor** herbei, der den Riesen darauf erschlägt.

So erhalten die Götter die neu erstarkte Asgard-Burg, die stabiler ist, als je zuvor. Loki, der in Pferdegestalt den Hengst fortlockte, gebiert nach einiger Zeit ein graues Fohlen mit acht Beinen. Dessen Name lautet **Sleipnir** und es gilt seither als das beste Ross bei Göttern und Menschen.

Man hat vielfach versucht, in der Gestalt des Riesen Smidhr (Bläser) den verkörperten Winter zu lokalisieren, der sich nun anschickt, mit Hilfe Swadilfaris (Eisführer?) eine so hohe Eisburg um Asgard zu errichten, dass Sonne und Mond nicht mehr hinein scheinen können. Der Hengst als personifizierter Nordwind, wird schließlich vom frühlingshaften Südwind (**Loki**) vertrieben. Eine Aufgabe, die der verwandlungsfähige Schalk nicht zum ersten Mal übernimmt (s. **Skadi**).

Die Geschichte vom Riesenbaumeister findet sich auch im skandinavischen Volksglauben. Ein Riese (Troll), Unhold oder später der Teufel erbietet sich, gegen Lohn den Bau eines Hauses, einer Scheune oder einer Kirche bis zu einem bestimmten Zeitpunkt auszuführen. Meist verlangt der Handwerker dafür die Hand einer Jungfrau oder die Seele des Hausherrn. Durch eine List gelingt es dann dem Auftraggeber, die Fertigstellung der Arbeit im letzten Moment noch aufzuhalten, wodurch der Unhold das Nachsehen hat.

Entstehung der Welt und Göttergeschick

Die Vorlage für die letzten neun Kapitel liefert die faszinierende Rede einer Seherin, deren monologisierte Weissagung die eddische Liedersammlung einleitet. Im Verlauf dieser visionären Dichtung zeichnet die alte Seherin aus dem Geschlecht der Riesen auf beeindruckende Weise das farbenprächtige Bild eines mythischen Weltentwurfs. Dies tut sie auf Geheiß des Göttervaters, der ihr goldene Ringe für ihre Rede darbringt.

Sie beginnt vor dem Anfang allen Seins, dem unfassbaren leeren Urraum, aus welchem sich die erste Materie hervorbildet. Nachdem der Urriese Ymir entstanden ist, der sich fortan von der Milch der Urkuh Audhumla ernährt, werden nach einigen Generationen von Riesen endlich die Götter geboren. Diese zerteilen den Urriesen und erschaffen aus seinen Körperteilen die Erde, Midgard genannt. Welt. Der Weltenbaum entsteht, und seine Bewohner erfreuen sich zunächst eines harmonischen Zustandes. Dies ändert sich erst, als die drei schicksalswirkenden Nornen auftauchen. Die von den Göttern erschaffene Menschheit verstrickt sich parallel zu ihren Schöpfern immer tiefer in die Fesseln der Materie und der daraus entstehenden Schuldhaftigkeit. Der große Widersacher wird schließlich bestraft und stellvertretend für alle Schlechtigkeit an den Felsen der Zeit gekettet. Doch es ist zu spät, endzeitähnliche Verhältnisse kündigen die bevorstehenden Götterschicksale an. In der Unterwelt rüsten sich die Verdammten, um gemeinsam mit den Riesen ihr unheilvolles Schiff zu besteigen. Die letzte große Schlacht beginnt, in deren Folge das alte Göttergeschlecht untergehen muss. Mit ihnen versinkt die alte Welt, vernichtet durch den alles verzehrenden Weltenbrand. Gegen Ende, als schon fast jegliche Hoffnung entschwunden, kommt die Kunde von einer neuen Welt, eine weitere Göttergeneration nimmt ihre Plätze ein, und Harmonie und Eintracht kehren zurück.

Obwohl schon deutlich von christlichem Gedankengut beeinflusst, gehört die Völuspa zu den wichtigsten Liedern der Edda, deren Inhalt und Erzählweise den Zuhörer in einen Spannungszustand zwischen düsterer Beklemmung und sehnsuchtsvoller Verheißung zu versetzten vermag. Das Lied, wohl ca. um 1000 n. Chr. niedergeschrieben, darf dennoch als typisch „nordisch-germanisch" gelten und ist und bleibt die bedeutendste Aufzeichnung einer mythischen Weltenschöpfung innerhalb unserer Kultur.

Ginnungagap

73. Ginnungagap, der Urzustand

Ginnungagap beschreibt den ursprünglichen Anfang und das Ende von allem, was ist. Es ist die gähnende Leere oder tiefe Schlucht, ein Gebiet, das sich bis in die Unendlichkeit ausdehnt und wo weder Zeit noch Raum existieren. Den Anfang allen Seins schildert die nordische Schöpfungslehre zunächst mit der Verneinung alles Sichtbaren. Irgendwann bildete sich an den Rändern aus dem Nichts ein Etwas. Zwei gegensätzliche Pole, die südliche Region Muspellheim, Welt der fliegenden Feuerfunken, und Niflheim, die nördliche Welt der Nebel und des ewigen Eises, entstanden. Dazwischen gähnte nun „so lau wie windstille Luft" das Ginnungagap. Stück für Stück rückten Eis und Feuer aufeinander zu, bis bei ihrem zischenden Aufeinandertreffen eine flüssige und nebelige Ursuppe entstand, aus der die erste Schöpfung hervortrat. Der leere Raum füllte sich mit den Elementen und brachte als erste Gestalt den unförmigen Urriesen **Ymir** und die Urkuh **Audhumla** hervor. Als später die Götter auftauchen und ihre eigene Schöpfung formen, bringen sie den Urriesen ins Ginnungagap zurück, töten und zerteilen ihn und formen daraus Midgard, die Welt der Menschen.

Der Name Ginnungagap teilt sich auf in „gin" oder „ginn", den „geräumigen Rachen" und „gap" von „gähnen", womit das Wort ebenfalls die „gähnende Kluft" bezeichnet, die man sich am Rande der Welt vorstellte, die, als Scheibe gedacht, ja irgendwo ihre Grenzen haben mußte. Das dem Urstoff irgendwann organische Gebilde entwachsen, findet sich in der Kosmogonie zahlreicher Kulturen. Der Forscher Jan de Vries bezeichnete das Ginnungagap als den mit „magischen Kräften erfüllten Urraum", also einen chaotischen Zustand, aus dem sich eine anorganische Ursuppe bildet, in der jedoch schon alle Facetten organischen Lebens potentiell angelegt sind. Dieses Wachstum wird später von den Göttern durch deren geistigen Odem mit Leben erfüllt und beginnt seinen zyklischen Kreislauf. An einer anderen Stelle der Edda erwähnt Snorri das Ginnungagap als einen ehemaligen Ort, wo eine Wurzel der Weltenesche **Yggdrasill** auslaufe und nun die Reifriesen hausen würden. Der Gebrauch des Ginnungagap für Abgründe, das Chaos bzw. den Rand der Welt war in Skandinavien lange Zeit weit verbreitet.

Audhumla

74. Audhumla, die Saftreiche

Audhumla, die Ur-Kuh, ist neben dem Urzeitriesen **Ymir** das erste Wesen im Kosmos. Als zum Schöpfungsbeginn das Eis im **Ginnungagap** nicht mehr strömte und sich festsetzte, bildete sich aus dem Reif der Riese Ymir. Der Reif tropfte weiter und es entstand die Mutter aller Mütter, die Kuh Audhumla. Aus ihrem Euter rannen vier gewaltige Milchflüsse, die Ymir in der Form leuchtender Milchstraßen ernährten. Die Kuh leckte nun beständig an den salzigen Reifsteinen, und am Ende des ersten Tages kamen die Haare eines Menschenähnlichen Lebewesens zum Vorschein. Am zweiten Tag sah man den Kopf und am dritten Tag den ganzen Körper. Dieser freigeleckte Riese hieß Buri und sein Sohn Borr zeugte mit der Riesin Bestla die ersten drei Göttersöhne **Odin**, Wili und We.

Audhumla, die auch den Namen „die Hornlose" trägt, gilt als eine Verkörperung der Muttergöttin, die in dieser Funktion gerne mit vielen Brüsten bedacht wird, mit denen sie ohne Unterschied allen Lebewesen Nahrung spendet. Eine kosmische Kuh, die als eine Art „Allmutter" das Universum schöpft und nährt, findet sich in vielen Mythologien, und wie Höhlenmalereien beweisen, wurde die Kuh schon viele tausend Jahre vor unserer Zeitrechnung verehrt. Um diese Kräfte noch weiter hervorzuheben, stellte man sie auch gerne mit einem Kalb dar, das sich säugend unter ihren schützenden Leib beugte. Das Vieh spielte bei den Germanen in vielen Bereichen eine wichtige Rolle. In einer Zeit, wo es noch kein Geld gab, diente es als bewegliches Zahlungsmittel. Eine gesunde Kuh, die Milch und starken Nachwuchs garantierte, stand meist höher im Kurs als ein menschlicher Sklave, den man noch zusätzlich ernähren musste. Viehbesitz bedeutete also Reichtum, der sich im günstigsten Fall stets aus sich selbst mehrte.

Laut Tacitus wurde bei vielen Stämmen in Küstennähe die Göttin Nerthus (s. auch **Fjörgyn**) verehrt. Einmal im Jahr wurde ein von der Göttin gefertigtes Standbild auf einem geschmückten und von Kühen gezogenen Wagen gesetzt und durch das ganze Land gefahren. Diese Feierlichkeiten wurden mit Opfern und allerlei Ritualen begangen, welche die Fruchtbarkeit des bevorstehenden Jahres gewährleisten sollten. Gegen Ende dieser besonderen Zeit, in der alle Waffen schweigen mußten, wurde der Wagen in einen heiligen Hain gezogen und dort in einem See rituell gereinigt.

Yggdrasill

75. Yggdrasill, die Weltenesche

Yggdrasill lautet der Name des immergrünen Baumes, der den Mittelpunkt im germanischen Weltbild einnimmt. Viele Germanen stellten sich das Universum als eine gewaltige Esche vor (andere behaupten als Eibe), deren Wurzeln und Äste in die jeweiligen Welten ausliefen und diese ernährten. Der Stamm dieses Baumes bildete die zentrale Weltachse, von der alles Leben ausging. Der Zenitpunkt seiner Krone wurde gewöhnlich mit dem Polarstern in Verbindung gebracht, um welchen sich der Sternenhimmel scheinbar dreht.

In der Edda berichtet Snorri über die Esche, dass sie der größte und beste aller Bäume sei und seine Zweige sich über die ganze Welt hinaus erstreckt. Drei Wurzeln halten seinen Stamm aufrecht und wachsen jeweils zu den Asen, zu den Reifriesen nach Niflheim und nach Helheim, wo an der Quelle Hvergelmir die Todesgöttin **Hel** zu Hause ist. An einer dieser Wurzeln nagt die furchtbare **Nidhöggschlange** beständig am Holz der Esche und spritzt ihr Gift in deren Fasern. An der Wurzel, die bis nach Asgard führt, steht der Brunnen der **Norne** Urd, an welchem die Götter ihre täglichen Versammlungen abhalten. Unter der zweiten Wurzel befindet sich die Quelle des weisen Riesen **Mimir**, in deren Tiefen das Weltengedächtnis schlummert. Der Baum wird weiter von mancherlei Tieren bevölkert, die auf ihm leben, sich von ihm ernähren und entsprechende Funktionen erfüllen. In seiner Krone äsen vier Hirsche (s. **Eikthyrnir**) und auf der obersten Spitze hat ein gewaltiger Adler (s. **Aar**) seinen Sitz. Zwischen ihm und **Nidhögg** flitzt das Eichhörnchen **Ratatösk** hin und her und stiftet beständig Zwietracht. Von Yggdrasills Blättern ernährt sich ebenfalls die Ziege Heidrun (s. **Andhrimnir**), die in Walhall den süßen Met liefert. Wenn sich einst die **Ragnarök** ankündigen, rauscht und erzittert die Esche als Zeichen des kommenden Untergangs.

Das Modell des Weltenbaumes galt und gilt vor allem dem Schamanen als Verbindungsweg, um über ihn in die Bereiche anderer Welten zu gelangen. Der Name setzt sich aus der Silbe „ygg" (der Schreckliche), einem Beinamen Odins und „drasill", der dichterischen Vokabel für Pferd zusammen, wodurch der Weltenbaum zu „Odins Pferd" wurde. Dies verweist zum Einen auf Odins schamanisches Wirken als Reiter zwischen den Welten (s. **Sleipnir**) und zum Anderen auf sein Hängeopfer als **Hangatyr**, wo er die Runen erschaute. Dieses Ereignis brachte dem Baum vermutlich auch den Namen „Odins Galgen" ein. Eine Nachbildung des Weltenbaumes findet sich bis heute in den Darstellungen der Irminsul, deren einstiges Vorbild im Jahre 772 n. Chr. von Karl dem Grossen, als Zeichen für den Sieg des Christentums über die Heiden, gefällt wurde.

Wenn man die legendäre Abstammung der Menschen aus Bäumen betrachtet (s. **Ask** und **Embla**), sowie die Bestattungsbräuche, wonach man die Verstorbenen in Bäume hängte, verwundert es nicht, dass die deutsche Sprache noch lange Zeit den Begriff „Totenbaum" für das Wort Sarg benutzte. Der Baum wurde damit zu einem der ältesten Muttersymbole, dem man die Toten übergab und aus dem sie wiedergeboren zurückkehrten (s. **Das goldene Zeitalter**).

Manche Hallen und Langhäuser wurden damals um laubreiche, schattenspendende Bäume errichtet, die vielfältige Schutzfunktionen übernahmen. Mit ihren Früchten oder Zweigen räucherte man bei Entbindungen das Haus aus, während die pressenden Gebärenden in hockender Stellung den Stamm umfassten, woher noch der Begriff „Kinderbaum" herrührt.

Die drei Nornen

76. Die drei Nornen

Die drei Nornen Urd, Werdandi und Skuld sind drei uralte Riesenschwestern, die ihren Wohnsitz unter einer der Wurzeln des Weltenbaumes **Yggdrasill** haben. Vermutlich sind sie die Töchter des Riesen Mögthrasir (der nach Söhnen strebende?), als dessen „Mädchen" sie im Vafthrudnirlied bezeichnet werden. Die Völuspa berichtet von ihrem Auftauchen in Asgard, worauf sich die Lebensweise der Götter grundlegend verändert. Die Nornen beanspruchen eine abgelegene Wohnstätte unter der Weltenesche, wo eine Quelle entspringt. Dort legen sie einen Brunnen an, in dessen Mitte fortan zwei Schwäne schwimmen, deren weißes Gefieder den Inbegriff aller Reinheit und Schuldlosigkeit verkörpert. Hierdurch findet sich eine Verbindung zu den Schwanenjungfrauen, den **Walküren**, denen ebenfalls schicksalswaltende Kräfte zugeschrieben werden. Jeden Morgen schöpfen die drei Schwestern etwas Wasser aus dem Lebensbrunnen und mischen es mit zauberkräftigem Schlamm, woraus sie eine heilende Paste gewinnen. Diese streichen sie auf die Wurzeln des Weltenbaumes, um diesen vor Fäulnis zu bewahren, welche durch das Gift der Nidhögg entsteht. Weiter versammeln sich täglich die Götter an besagtem Brunnen zur gemeinschaftlichen Beratung.

Urd (Ursprung), der Name der ältesten Norne, wird abgeleitet von dem altgermanischen Wort „wurd" oder „wyrd", was in etwa „persönliches Geschick" bedeutet. Das Wyrd kann man sich als eine Art Netz vorstellen, das einen jeden Menschen umgibt und dessen Fäden im Verlauf des Lebens mit anderen Menschen verknüpft oder wieder gelöst werden. Urd ordnet man die Vergangenheit zu, der zweiten Schwester Werdandi (Werden) die Gegenwart und der Dritten Skuld (Schuld) die Zukunft. Hiermit werden auch die drei Mondphasen, abnehmender-, zunehmender- und Vollmond in Verbindung gebracht. Einige Forscher vertreten die Ansicht, bei diesem zeiteinteilenden Konzept seien dem Verfasser der Völuspa antike Vorbilder wie die drei Parzen oder Moiren vorgeschwebt. Sicher ist, dass zumindest eine Norne mit dem Namen Wurd überliefert wird, die sich möglicherweise in diese Triade aufspaltete, wie es ähnlich bei der alten Himmelsgöttin Friya geschah (s. **Frigg**).

Die nordischen Quellen geben einige Einblicke in den Wirkungskreis der Nornen, der sich vom Spinnen, über das Orakeln und Weissagen, bis hin zur Geburtenhilfe erstreckt. Sie bestimmen über Leben und Tod von Mutter und Kind, wie z.B. in dem Lied von „Helgi, dem Hundingstöter", wo sie unverwandt auftauchen, einem Neugeborenen die Schicksalsfäden spannen und die Zukunft voraussagen. Es gibt zahlreiche Märchen von guten und bösen Nornen (dort sind es meist die Feen), die, je nach Gesinnung, dem Menschenkind zürnen und es verwünschen oder ihm Glück mit auf den Weg geben. In diesen Geschichten handelt es sich jedoch meist um Völvas oder Disen, die als Seherinnen (s. **Wala**), Kräuterfrauen, Schamaninnen und Hebammen hohes Ansehen genossen. Da sich viele Parallelen zu den Tätigkeiten der drei Nornen ergeben, fand im Laufe der Zeit eine immer stärkere Verschmelzung von Völva und Norne statt.

Ask und Embla

77. Ask und Embla

Ask und Embla lauten die Namen des ersten Menschenpaares. Wie überall auf der Welt finden sich auch bei den germanischen Stämmen verschiedene Mythen über den Ursprung des Menschen. Einmal ist von dem Urmenschen Mannus die Rede, der von einem göttlichen oder riesischen Wesen erzeugt wurde. Ein andermal werden alle Menschen als „**Heimdalls** Kinder" bezeichnet oder sind direkt den elementaren Naturkräften entsprungen. Die Vorstellung, dass der Mensch von den Bäumen abstammt, reicht bis weit in die Vorzeit zurück, in der es noch sehr alte Baumkulte gab (s. auch **Yggdrasill**).

Die Edda schildert die menschliche Entstehung folgendermaßen: Nachdem Bors Söhne **Odin**, Wili und We den Riesen **Ymir** zerteilt und aus seinen Körperteilen die Welt erschaffen haben, gehen die Götter eines Tages am Strand spazieren. Dort finden sie zwei an Land gespülte Baumstämme, aus denen sie das erste Menschenpaar mit Namen Ask und Embla erschaffen. Odin verleiht ihnen Leben und Seele, Wili Emotionen und Witz und We gibt ihnen Antlitz, Gehör und Sprache. An anderer Stelle lauten die Namen der drei Götter Odin, Hönir und Lodur. Sie finden Ask und Embla „tatenlos und ohnmächtig", da verleiht ihnen Odin den Geist, Hönir die Vernunft und Lodur (vermutlich **Loki**) Blut und Farbe. Von diesen beiden Menschen stammt das ganze Menschengeschlecht.

Die beiden sehr ähnlichen Berichte geben uns Auskünfte darüber, wie nach germanischem Glauben die Götter die Menschen nach ihrem Abbild erschufen. Die Belebung und Ausformung der gefundenen Materialien geht durch die Emanation der göttlichen Dreieinigkeit hervor. Zunächst wird das Holz gestaltet, dann belebt. Der Name „askr" wird mit „Esche" übersetzt und verweist deutlich auf seinen Ursprung aus Eschenholz. Schon der griechische Dichter Hesiod formulierte, das „eherne Geschlecht" sei von Zeus aus Eschen erschaffen worden. „Embla" wird vermutlich vom griechischen „ampelos" abgeleitet, was Rebe oder Schlingpflanze bedeutet. Der Autor Hans Sperber weist in diesem Zusammenhang auf eine interessante Analogie zwischen dem Feuerbohren und dem menschlichen Beischlaf hin. Beim Feuerbohren, wo das eine Holz langsam in das andere eindringt, fand als entzündbares Brennmaterial nicht nur Hartholz, sondern auch das weichere Holz von Schlingpflanzen Verwendung. Ähnliche Deutungsversuche sehen in Ask die „phallische Eschenlanze" und in Embla die „Emsige" bzw. die „Gebärende".

Nachdem das Zeitalter der Götter durch die **Ragnarök** beendet wird, verbrennt der Feuerriese **Surt** die alte Welt mit seinem Flammenschwert. Nur ein einziges Menschenpaar mit Namen Lif (Leben) und Lifthrasir (der nach dem Leben Strebende) überleben die Katastrophe, geschützt durch die Wurzeln des Weltenbaumes. Vom Tau, der sich allmorgendlich auf den Zweigen sammelt, ernähren sie sich und bleiben dadurch am Leben. Das neue Menschengeschlecht entsteigt somit ebenfalls einem Baumstamm und setzt die Tradition der Schöpfungslehre fort (s. **Das goldene Zeitalter**). Interessante Parallelen zeigt eine bayrische Sage, in der die Nachkommen eines Hirten, der im Geäst eines Baumes wohnt, nach einer großen Pestkatastrophe das Land neu bevölkern.

Lokis Strafe

78. Lokis Strafe

Lokis Strafe wird über diesen durch die Götter aufgrund eines schweren Vergehens verhängt. Aus der Gylfaginning erfahren wir, dass **Loki** angeblich in Gestalt der Riesin **Thökk** verhindert, dass **Odins** Sohn **Balder**, in den Götterhimmel zurückkehren darf. Darauf eröffnen die aufgebrachten Götter eine Hetzjagd auf ihn. Nahe des Wasserfalls Franangr versteckt sich Loki in einer Berghütte, die er mit jeweils einer Türe in jeder Himmelsrichtung versieht. Während er dort sitzt und darüber sinnt, was den Asen wohl einfallen könnte, um ihn zu fangen, knüpft er sich ein Netz zum Fischen. Als die Götter nahen, wirft er das Netz rasch ins Feuer, verwandelt sich blitzschnell in einen Lachs und springt in den nahen Fluss. Als die Asen zu dem Haus kommen, entdecken sie die verkohlten Reste des Netzes, ziehen daraus ihre Schlüsse und beginnen damit, ein eigenes Netz zu erstellen. Als dies geschehen ist, fischen sie nach Loki, dem es jedoch mehrere Male gelingt, durch die Maschen zu schlüpfen. Schließlich gelingt es **Thor**, ihn am Flossenende zu packen und kräftig zuzudrücken. Seitdem, so sagt man, sei der Lachs hinten schmal. Darauf wird der Ränkeschmied in eine unterirdische Felsenhöhle gebracht und auf drei kantige Steinbrocken gekettet. Als Fesseln verwenden die Götter die Gedärme von Lokis beiden Söhnen Wali und Narfi, die man ebenfalls in die Höhle schleppt und tötet. Zuletzt nimmt die Göttin **Skadi**, Lokis alte Erzfeindin, da dieser Schuld am Tode ihres Vaters trägt, eine Giftschlange und befestigt diese an einem Ast über Lokis Kopf, so dass deren Gift ihm auf immer ins Gesicht tropfe.
Nur Sigyn, Lokis treue Gattin, steht neben ihm und hält eine Schlüssel dazwischen. Ist die Schale voll und muss gelehrt werden, fallen die Tropfen in Lokis Gesicht. Dann zuckt er so heftig, dass die ganze Erde erbebt. So liegt der Unhold gebunden bis zu den **Ragnarök**.

Nach dem Lied von „Lokis Zankreden", erfolgt dessen Fesselung als Strafe für den Mord an Fimafeng, einem Diener des Meeresriesen **Ägir**, der die Götter zum Gastmahl geladen hat. Loki, der darauf vom Gelage ausgeschlossen wird, beschimpft nun alle Anwesenden und gesteht stolz all seine ruchlosen Taten. Vermutlich diente dem Verfasser des Liedes die Bestrafung Lokis als sinnvolle Einkleidung und Abschluss seines Scheltgedichtes. Ebenso ist nicht auszuschließen, dass es sich bei beiden ermordeten Gestalten, Balder und Fimafeng, ursprünglich um ein und dieselbe Person gehandelt hat.

Lokis Leib wird an drei zugehauene Felsen geschmiedet. Auffallende Gesteinsformen wurden vielfach als Sitz übernatürlicher Kräfte angesehen, in denen man zuweilen versteinerte Menschen erblickte, die so für ihre Vergehen bestraft worden waren. Auch der Glaube, dass Erdbeben und Vulkanausbrüche als Strafe der Götter gedeutet werden, hält sich bei vielen Menschen bis zum heutigen Tage. Das Bild des gefesselten Unholds findet sich vielfach in der christlichen Ikonographie, die den in Ketten gelegten und überwundenen Satan beim Sturz in den Abgrund zeigt. Loki wurde später von der Kirche mit der Gestalt des Teufels gleichgesetzt, so dass es nicht weiter verwundert, ihn in ebensolcher Weise verurteilt vorzufinden. Dass die Sage um die Fesselung Lokis ihre Wurzeln in der christlich geprägten Vorstellung vom jüngsten Gericht und dem Erscheinen des Antichristen findet, bleibt somit anzunehmen.

Naglfar

79. Naglfar, das Totenschiff

Nagelfar lautet der Name eines gewaltigen Schiffes, dessen Rumpf gänzlich aus den Fuß- und Zehennägeln verstorbener Menschen gefertigt sein soll. Aus der Gylfaginning ist folgendes über das Auftauchen dieses Schiffes zu vernehmen: Wenn der Fimbulwinter wütet, der eine Wolf die Sonne (**Sol**) verschlingt und der andere den Mond (**Mani**), wenn die Erde bebt und Bäume sich entwurzeln, die Midgardschlange **Jörmungand** sich erhebt und die See aufpeitscht, dann wird auch Naglfar, das Nagelschiff, die Anker lichten. Es ist ganz aus den abgeschnittenen Nägeln Verstorbener gemacht, weshalb die Warnung besteht, dass wenn ein Mensch stirbt, man ihm die Nägel schneiden soll, um den Bau des Totenschiffes nicht unnötig schnell voranzutreiben. Hrymir, ein kräftiger Riese, heißt Naglfars Steuermann, und es transportiert all die Riesen, Dämonen und Untoten, welche sich aufmachen, die Götter zu vernichten.

„Nagelfari" lautet der Name des Gemahls der Göttin Nott (s. **Mani**). Da Nott die personifizierte Nacht ist, mag eine Verbindung zwischen ihrem Gatten und dem Schiff nicht nur in der Namensgleichheit zu suchen sein. Naglfars Bedeutung als Toten- und Gespensterschiff lässt sich vor allem aus dem Aberglauben des Nägelschneidens schließen, der hier in märchenhaften Zügen einen Brauch der Totenpflege mit dem Kult der Schiffsbestattungen verknüpft. Diese fanden in zahlreichen Gebieten entlang der Küsten statt und lassen zumindest vermuten, warum die Vertreter des Chaos und der Zerstörung gerade auf einem Schiff aus dem Jenseits kommen, um ihre Rache zu vollziehen. Jacob Grimm wies bei dem gänzlich aus Nägeln entstehenden Naglfar auf eine Parabel für die ungeheure Ferne und das langsame Zustandekommen des Weltenendes hin, ähnlich der Vorstellung vom „Berg der Ewigkeit", dem alle hundert Jahre ein Vogel nur ein Sandkorn zuträgt.

Dass Geisterschiffe bei ihrem Auftauchen als Vorboten nahenden Unheils angesehen wurden, findet sich noch in der bekannt gewordenen Sage vom „fliegenden Holländer" und dem Geisterkapitän Barent Fokke. Als Mahnmahle des ewig ruhelosen Menschen, der seine Seele einst dem Teufel verkauft hat, sind sie dazu verdammt, bis in alle Ewigkeiten über die Meere zu segeln, um totgeweihten Seefahrern zu erscheinen.

Nach der Völuspa steuert der von seinen Ketten befreite **Loki(s Strafe)** ebenfalls ein Unheilschiff. Dieser segelt von Osten her, den Rumpf voll beladen mit Muspells Söhnen, den Feuerriesen. Ob es sich hierbei um zwei verschiedene Schiffe oder um ein und dasselbe handelt, bleibt undurchsichtig. Ebenso ob Loki, Erzfeind der Götter und später verteufelter Antichrist, möglicherweise erst nachträglich zum Kapitän des Schiffes avancierte. Nicht in Frage gestellt werden muss der brennende Hass, welcher die Riesen und Loki im Kampf gegen die Götter eint. Nach anderer Deutung umschreibt die Silbe „far" nicht das Schiff, sondern lediglich den Hass oder Zorn der Riesen. Woraus zu schließen wäre, dass die Jöten auf ihrem schon lange währenden „nage(l)nden Hass" dahinfahren!?

Ragnarök

80. Ragnarök

Ragnarök bezeichnet das letzte Geschick der Götter, dessen Verlauf in der Edda auf visionäre Weise beschrieben wird. In der Völuspa (der Seherin Gesicht) wird von einer alten Völva (s. **Wala**) ein Weltenentwurf geschildert, der vom Anbeginn der Schöpfung bis zu ihrem Untergang handelt. Die Vorzeichen des nahenden Weltenendes äußern sich zunächst in bedrohlichen Naturerscheinungen, wie dem drei Jahre andauernden Fimbulwinter, auch Riesenwinter genannt. Hungersnöte, Mord und Totschlag bestimmen das Bild und gemahnen der Auflösung des sittlichen und sozialen Gefüges der Menschen. In den Welten der Götter, Riesen und der Hel krähen drei Hähne und verkünden den Beginn des alles entscheidenden letzten Gefechts. Der Himmelswächter **Heimdall** stößt in sein Gjallarhorn und signalisiert die Ankunft der herannahenden Riesenheere, die über die Bifröstbrücke auf Asgard zumarschieren. Der Weltenbaum erzittert, und die entfesselten Elemente brechen von allen Seiten über Midgard herein. In Asgard sammeln sich die Götter, die Pforten Walhalls öffnen sich, und aus 540 Toren rücken je 800 Einherjerkrieger (s. **Walküren**) gegen die anstürmenden Feinde vor. Walvater **Odin**, mit Goldhelm, Brünne und dem Speer **Gungnir** bewaffnet, reitet auf **Sleipnir** dem Wolf entgegen und wird von diesem verschlungen, doch sein Sohn **Widar** rächt ihn unverzüglich. Der Donnergott **Thor** erschlägt die Jörmungand, vermag aber nur noch neun Schritte zu tun, bis auch er, vom Gift der Schlange tödlich verwundet, zu Boden sinkt. Der Kriegsgott **Tyr** und der Höllenhund Garm töten sich gegenseitig, ebenso Heimdall und **Loki**, die hierauf endlich ihre alte Feindschaft beenden. Der Fruchtbarkeitsgott **Freyr** unterliegt dem alles versengenden Schwert **Surts**, da er die eigene Waffe entbehren muss. Nachdem die Götter besiegt sind, schleudert der „Schwarze" sein Feuer über die ganze Welt. Die Sonne verdunkelt sich, die Erde sinkt ins Meer, vom Firmament schwinden die Sterne und heiße Lohe bedeckt den ganzen Himmel.

Soweit die Schilderung der Ragnarök, deren wörtliche Übersetzung „Verhängnis" oder „Endschicksal der Götter" lautet. Durch einen Übersetzungsfehler, bei dem man „rök" (Verhängnis) mit „rökkr" (Dämmerung) verwechselte, kam der allgemein bekannte Begriff der Götterdämmerung zustande. Dass die germanische Eschatologie bereits von der christlichen Lehre der Offenbarung beeinflusst ist, wird offensichtlich, zumal man die niedergeschriebene Fassung auf die letzten Jahrhunderte des ausgehenden Heidentums datiert. Dennoch gilt das Gedicht als typisch nordisch, über dessen Ursprung sich allerdings nur mutmaßen lässt. Als Vorbild für die beschriebenen Erscheinungen dienten dem auf Island lebenden Verfasser vermutlich all die Vulkanausbrüche, Überschwemmungen und Erdbeben, welche die Insel auch in den vergangenen Jahrhunderten wiederholt heimgesucht haben und dortigen Ansässigen zuweilen wie ein „Weltuntergang" vorgekommen sein müssen.

Das goldene Zeitalter

81. Das goldene Zeitalter

Der Begriff des goldenen Zeitalters, der nicht nur bei den germanischen Völkern bekannt war, bezieht sich gewöhnlich auf eine schon einmal da gewesene Epoche, in der höheres Wissen, Wohlstand, Frieden und damit die intensivere Verbindung zum Göttlichen existierten. In der Völuspa berichtet eine alte Seherin von der Entstehung der Welt und der Zeugung der Götter. Diese machen sich daran, die Welt nach ihrem Willen zu formen, erstellen sich Wohnsitze und schaffen die Voraussetzungen für ein vollkommenes Dasein. In ausgelassener Fröhlichkeit widmen sie sich Spielen und dem Müßiggang, solange, bis die drei Schicksal webenden Nornen auftauchen, mit deren Ankunft die Unschuld weicht. Machtstreben und die Gier nach Gold erwachen (s. **Gullweig**), und es kommt der erste Krieg in die Welt. Das Unabwendbare nimmt seinen Lauf und gipfelt schließlich in dem Mord an **Balder**. Die **Ragnarök** beginnen, der Weltenbaum erbebt, und die Schicksale der Götter erfüllen sich. Dann, nachdem die alte Welt versunken ist, steigt eine neu ergrünte Welt empor, eine weitere Generation von Göttern nimmt ihre Plätze ein, und der Gift säende Neiddrache **Nidhögg** muss vergehen. Auch zwei Menschen mit Namen Lif und Lifthrasir haben die Katastrophe überlebt. Das Geäst des Baumes Hodmimir (**Yggdrasill**) bot ihnen Schutz und Nahrung vor dem alles versengenden Weltenbrand des Feuerriesen **Surt**. Neue junge Triebe sprießen unter der verkohlten Rinde hervor und die Natur präsentiert sich in einem satten Grün. Auf einer Wiese entdecken sie glänzende Goldtafeln, auf denen sich die kosmischen Gesetze der neuen Göttergeneration finden.

Vor allem die letzten Strophen des Liedes hegen den nicht unbegründeten Verdacht, bereits aus christlichen Quellen übernommen zu sein, wenngleich ähnliche Versionen auch in anderen Kulturen existieren. Allen Schilderungen geht jedoch die Erinnerung an einen ursprünglichen paradiesischen Zustand voraus, der erst die Voraussetzung für seine ersehnte Rückkehr erschafft. Im Zusammenhang mit dem goldenen Zeitalter wird häufig auf einen Zeitabschnitt in der dänischen Geschichte verwiesen, der unter dem Namen „Frodis Frieden" bekannt wurde. Frodi, ein sagenhafter König aus dem Geschlecht der Skjöldungen, zeichnete sich während seiner Amtszeit durch eine Periode lang andauernden Friedens aus. Eine Ära, die angeblich weder Hungersnöte noch kriegerische Auseinandersetzungen kannte und den Menschen lange Zeit in Erinnerung blieb.

Die Rettung der beiden Menschen Lif (Leben) und Lifthrasir (Leben begehrend), die im Schutz der Weltenesche alle Naturkatastrophen überlebt haben, versinnbildlichen die menschliche Neuschöpfung. Ihre Wiedergeburt aus dem Baum, der sie gleichzeitig ernährte, folgt dem Glauben sehr alter matriarchalischer Baumkulte, in denen man die Toten ins Holz legte oder hängte. Da schon die ersten Menschen (**Ask** und **Embla**) aus Holz gemacht waren, lag es nahe, Bäume, welche die Weltenesche symbolisierten, als Pforten in die andere Welt zu nutzen. Die von dem überlebenden Paar gefundenen Goldtafeln können somit durchaus als Metapher für den neuen, ganzheitlichen Menschen verstanden werden, der in dieser nun „gereinigten" Welt seine Bestimmung und Vollendung finden soll.

Die Entstehung eines Bildes

Da mich in letzter Zeit die ein oder andere Anfrage bezüglich meiner Maltechniken erreichte und ich es auch selbst immer recht spannend finde, etwas über die Vorgehensweise anderer Künstler zu erfahren, soll auf diesen letzten Seiten ein wenig näher darauf eingegangen werden.

Zunächst möchte ich anführen, dass ich ein reiner Autodidakt bin, der bis zum heutigen Tage weder eine Ausbildung in graphischer Richtung noch sonst irgendeinen Zeichenkurs besucht hat. Zwar versuchte ich, nach Beendigung meiner Schulzeit auf einer Kunstschule noch eine dreijährige Ausbildung zum „Graphic-Design-Assistenten“ dranzuhängen, doch meine Bewerbung wurde abgelehnt, und so fand ich mich kurz darauf in einem lärmenden und stickigen Maschinenpark wieder, der meine Bestrebungen, irgendwann einmal von meiner Kunst existieren zu können, erst einmal in weite Ferne rücken ließ. Dies nur als kleiner Trost für all jene, die von sich glauben, keinerlei künstlerisches Talent zu besitzen, oder meinen, erst der langjährige Besuch einer staatlichen oder privaten Kunstschule bestimme über den Ausbau der eigenen Fertigkeiten. Allerdings möchte ich auch nicht verhehlen, dass dieser „eigene“ Weg zumeist sehr steinig und voller Entbehrungen ist. Fleiß, Geduld und Ausdauer sind mit Sicherheit die drei Grundaxiome für jeden, der beschließt, seine Leidenschaften einmal zu seiner Berufung werden zu lassen, ganz gleich, ob es sich dabei um Malerei, Schriftstellerei, Musik oder Sport handelt.

Bei all meinen Bildern, ob nun farbig oder lediglich schwarz-weiß, bediene ich mich stets einer sogenannten Mischtechnik. Das heißt, ich verwende Akryl- und Aquarellfarben ebenso wie Aquarellbuntstifte oder den Air-Brush. Kohle und Kreidestifte sind allerdings seltener im Einsatz, da hierbei das Risiko des „Verschmierens“ zumeist recht groß ist. Wie und wann ich diese unterschiedlichen Techniken einsetze, hängt zum einen von der gewünschten Darstellung, zum anderen von meiner persönlichen Lust und Laune ab. Möchte ich also einen stimmungsvollen und farbenprächtigen Himmel, empfiehlt sich natürlich die Spritzpistole, mit der sich weiche Überläufe erzielen lassen. Gänzlich ungeeignet ist der Air-Brush allerdings, wenn es sich um die Darstellung von unebenen Oberflächen wie z.B. Tierfellen handelt. Zwar haben es manche Künstler auch in dieser Hinsicht schon zu einer gewissen Perfektion gebracht, doch ist mir bis heute keiner bekannt, der zuweilen nicht auch noch den guten alten Pinsel einsetzen würde. Hinzu kommt, dass meine Bilder gewöhnlich im Format A3, manchmal auch etwas größer, bisher aber niemals über A2 hinausgekommen sind (Wandgemälde nicht inbegriffen). Das liegt vor allem an der Größe meines Arbeitsplatzes und meiner (bisherigen) Ablehnung einer Staffelei. Allgemein gilt die Regel: je größer das gewählte Bildformat, desto feiner läßt sich mit dem Air-Brush arbeiten.

Für die Beschreibung der folgenden Schritte habe ich ein weiteres Motiv des Gottes Thor gewählt, das ich im Juli 2000 anfertigte und das seitdem das Cover eines meiner Bücher ziert. Es zeigt den rotbärtigen Donnergott auf einer seiner zahlreichen Wanderungen ins Land der Riesen, dabei nach einem Gegner Ausschau haltend, dessen gewaltige Fußstapfen vor ihm tiefe Spuren im Schnee hinterlassen haben.

1. Als erstes muss natürlich das richtige Motiv gefunden werden, welches mit einem sehr weichen Bleistift auf den Zeichenkarton gebracht wird. Gelegentlich fertige ich eine solche Skizze zuvor schon mal auf einem "Schmierblatt" an, auf dem ich solange herumprobiere, bis ich zufrieden bin. In diesem Fall konnte ich mir anfangs nicht klar darüber werden, ob die linke Hand des Riesenbezwingers nun

auf dessen angewinkeltem Bein oder, wie in der fertigen Version, seine Augen bedecken sollte. Da es Thor zumeist gen Osten zieht, also dort, wo bei uns die Sonne aufgeht, entschloss ich mich dann doch, seine Linke als Schattenspender zu verwenden. Nachdem der grobe Bildaufbau nun steht, übertrage ich die Skizze auf den Zeichenkarton und lege weitere Einzelheiten fest, bis fast sämtliche Details zu sehen sind.

2. Da ich mich bei einem farbigen Bild gewöhnlich von hinten nach vorne arbeite und beschließe, den Himmel mit Air-Brush anzulegen, decke ich Thor und die untere Hälfte des Bildes zunächst mit einer speziellen Folie ab. Mit einem scharfen Messer fahre ich jetzt die Konturen nach, stets auf den richtigen Druck achtend, damit die Klinge das Papier nicht zu tief einritzt. Ist dies geschehen, wird die Folie ringsum abgezogen (aber Achtung: nicht wegwerfen!) und die Spritzpistole kommt zum Einsatz. Obwohl es auf den ersten Blick so aussehen mag, als wären die Wolken mit weißer Farbe nachträglich auf das helle Blau aufgesprüht worden, gehe ich hierbei anders vor. Das Weiß der Wolken ist der Papiergrund, besprüht werden lediglich die blauen Stellen dazwischen. Spezielle Wolkenformen und vor allem die nach hinten immer kleiner auslaufenden, die dem Bild erst seine ganze Tiefe verleihen, werden nachträglich mit einem sehr harten und feinen Radiergummi herausgearbeitet.

3. Nachdem der Himmel nun "steht", ziehe ich Teile der Folie wieder ab und begebe mich mit dem Aquarellpinsel an die verschiedenfarbigen Abstufungen der Berge im Hintergrund. Schicht für Schicht male ich mich nach vorne. Thors Gestalt bleibt weiterhin abgedeckt, da ich ihn als letztes anzugehen gedenke. Schnee und Eis im Vordergrund werden zunächst mit relativ weichen Aquarellpinseln und viel Wasser aufgetragen und bekommen nach und nach immer schärfere Konturen. Auf die Bereiche, die etwas mehr im Dunkeln liegen sollen, sprühe ich zusätzlich etwas Blau mit der Spritzpistole darüber. Ebenfalls ein Effekt der Mischtechnik – da ich vorwiegend mit lasierenden Sprühfarben arbeite, lassen sich so viele Stellen recht unkompliziert "verfeinern", indem man sie nachdunkelt oder farblich verstärkt.

4. Als letztes ziehe ich nun die Folie vom Donnergott ab. Da ich Arme und Gesicht ebenfalls brushen möchte, klebe ich die passenden Umrisse der anderen Folienhälfte (die wir vorsorglich aufgehoben haben ☺) zum Schutz wieder auf den Himmel und mache mich ans Sprühen. Da ich versuche, weitgehend ohne zeitaufwendiges Schablonieren auszukommen, verwende ich fast ausschließlich eine 0,2-er Düse, die mir allerkleinste Arbeitsgänge erlaubt. Der Preis dafür sind gelegentliche Verstopfungen des feinen Pistolenkopfes, wovon zahlreiche Spritzversuche am Rand des Blattes zeugen. Hat unser Donnergott dann endlich seine Hautfarbe bekommen, werden die restlichen Kleidungsstücke mit deckenden Acryl- oder matten Plaka-Farben eingefärbt, um darauf mit schwarzer und brauner Sprühfarbe noch etwas Plastizität zu erhalten. Abschließend erfolgt nun der zeitaufwendigste Schritt zahlreicher Feinarbeiten mit dem Pinsel – Ausarbeiten von Details, das Ziehen der Konturen sowie das nachträgliche Setzen einiger Glanzpunkte. Schließlich kommt der Zeitpunkt, an dem man über

die Beendigung seines Werkes entscheiden muss. Dafür empfiehlt es sich, das Bild in etwas Entfernung vor sich hinzustellen und es auf sich wirken zu lassen. Bis man aber endgültig davon abläßt, dauert es dann noch etwas, denn irgendwo findet sich immer noch ein Pinselstrich, der vergessen wurde. Für mich selbst habe ich festgestellt, dass es sinnvoll ist, ein Bild immer am Tag danach stets nochmals einer kritischen Prüfung zu unterziehen, nicht dass das noch grossartig etwas ändern würde, aber man hat erstmals den benötigten Abstand zu seinem eigenen Werk gewonnen und kann nun schon entscheiden, was man beim nächsten Male eventuell anders machen würde. Denn dass man mit einem Werk wirklich rundum zufrieden ist, passiert nur äußerst selten und schließlich geht das Lernen für keinen von uns jemals aus...

Voenix / Biographie

1968 Geboren im Kreiskrankenhaus Ludwigsburg unter dem bürgerlichen Namen Thomas Vömel.

Kindheit & Jugend Kaum, dass er einen Stift in den Fingern halten kann, beginnt er, damit drauflos zu zeichnen. Wann immer es gilt, den Kleinen zu beschäftigen (zu beruhigen), werden ihm Papier und Zeichenstift in die Hand gedrückt, was sich als kleiner Segen für die Eltern erweist. Anfängliche Strichmännchen entwickeln sich zu ersten Comics, die schon früh unverkennbar mythische Züge tragen.

Die Schule und Begegnungen mit deren Autoritäten werden zur Tortur, was zur Stärkung autodidakter Ambitionen führt. Dafür umso größerer Eifer bei der illustrativen Gestaltung von Schülerzeitungen und im Bereich Sport. Mit 13 Jahren beginnt er die Sagen um Troja in dichterische Verse zu verfassen und zu illustrieren. Eine begeisterte Bekannte der Eltern schickt Auszüge davon an den Schweizer Diogenes-Verlag, der das Projekt nach genauer Prüfung aber ablehnt.

1985 Meldet er sich in einem Fitnessstudio an und beginnt hoch motiviert mit dem Bodybuilding-Sport, den er bis zum heutigen Tage beibehält. Nebenher beständiges Anfertigen unzähliger Zeichnungen und Comics (bis heute aber unveröffentlicht).

1986-87 Realschulabschluss in Schwieberdingen (em‘ Schwobaländle).

Seine Bewerbung an einer Stuttgarter Kunstschule wird abgelehnt und somit widerwilliger Antritt einer Lehre zum Offsetdrucker. Diese wird nach 7 Monaten wieder abgebrochen, da die erforderten Arbeiten (und Begegnung mit hiesigen Vorgesetzten) in keinster Weise seinen kreativen Vorstellungen entsprechen.

1987 – 90 Ausbildung zum Schilder – und Lichtreklamehersteller in einem Kleinbetrieb, den er sofort nach Erhalt des Gesellenbriefes aus mehreren Gründen, (vorwiegend autoritärer Natur ☺) wieder verlässt. In dieser Zeit durch einen Freund M. erste Kontakte zur Esoterik. Schon bald erwacht sein großes Interesse an den Mythen erneut, diesmal jedoch zusätzlich von einer anderen Seite. Intensives Eigenstudium der Runen, Astrologie und des Tarot.

1990 – 95 Die Idee, mit jenem Freund M. ein Runenbuch-Karten-Set zu erstellen, nimmt konkretere Züge an. Als seine Bilder für die Runenkarten fertig sind, M. mit dem dazugehörigen Buch aber noch immer nicht begonnen hat, beschließt er kurzerhand, dieses selbst zu verfassen. Gleich der erste angeschriebene Verlag (Urania) sagt zu, und einer ersten Veröffentlichung steht nichts mehr im Wege. März 95 beginnt er einen farbigen Comic „Im Reich des Pan“ (bisher unveröffentlicht), an dem er fast zwei Jahre arbeitet. Im April erste Ideen zum Projekt der „Weltenesche“, das in den folgenden 4 Jahren realisiert wird. Das zum Leben benötigte Geld verdient er mit Trainerstunden in einem Sport-Studio.

November ´95 Begegnung mit Akron, der durch die Runen-Karten bei Urania auf ihn aufmerksam geworden ist und sich ihm zwei Wochen vorher durch einen Traum ankündigt. Vertrag mit Urania über die Illustrierung des von Akron geplanten Buches „Dantes Inferno“. Mit Akron entsteht die Idee, Arbeiten zukünftig unter dem Pseudonym „Voenix“ zu veröffentlichen.

1996 Auf der Frankfurter Buchmesse erscheint sein Runen-Set unter dem Titel „Magie der Runen“. Gleichzeitig werden Gegenstimmen bei Urania lauter, als Akron Voenix‘ erste Illustrationen zum „Dante-Buch“ präsentiert (zu viel Schweinekram☺). Schon bald wird deutlich, dass der Verlag sich von dem Dante-Projekt zu distanzieren sucht und sogar bereit ist, eine Entschädigung für den Verzicht der Bilder zu bezahlen!! Man entschließt sich zu einem Kompromiss und die Arbeit geht weiter. Als immer offensichtlicher wird, dass die Vorstellungen zwischen Verlag und Autor/Künstler weit auseinander klaffen, wird ein Gerichtsstreit schließlich unausweichlich.

1998 Umzug in die Nähe von Köln. In nur zwei Monaten setzt er ein von Akron geschriebenes Theaterstück („Der Traum des Magiers“) probehalber als Comic um, woraus die Idee geboren wird, den „Dante“ als s/w Comic in 12 eigenständigen Bänden zu zeichnen und somit die Reise in die seelische Innenwelt entsprechend zu bebildern. Im Juli beginnt er mit der „Fische-Vorhölle“. Gleichzeitig Illustrationen zu Akrons Buch für Partnerschafts-Astrologie, das im Frühjahr ´99 bei Hugendubel auf den Markt kommt.

1999 Die lange Suche nach einem geeigneten Verlag für sein Götterbuch führt ihn schließlich zum Arun-Verlag, der im Herbst die „Weltenesche" auf den Markt bringt. Der zweite Comic „Die Widder-Hölle" entsteht, die „Stier-Hölle" folgt unmittelbar. Um die Sache voranzutreiben, beschließt man den „Traum des Magiers" einstweilen selbst zu finanzieren und lässt eine kleine Auflage von 300 Exemplaren drucken. Ein knappes Drittel davon wird signiert und während einer Aarauer Motorrad-Messe verkauft, wo man sich einen gemeinsamen Stand mit dem Schweizer Tattoo-Künstler Varry teilt.

2000 Im Frühjahr erscheinen mit dem „Germanischen Götterorakel" die farbigen Karten zum Buch, zusätzlich ein Jahreskreisposter. Im Mai beginnt er die Zeichnungen zur „Zwillinge-Hölle". Nach langwierigem Ringen mit EDIS, die sich anfänglich anboten den „Dante" zu publizieren, unterzeichnen Akron und Voenix schließlich mit Arun einen Vertrag über das Buch und die zukünftige Comic-Reihe. Im Herbst erscheint dort sein drittes Buch „Auf Wotans Pfaden", zeitgleich zur Fische-Vorhölle und dem „Dante". Im November mit Akron und H.R.Giger erste große Vernissage in Zürich, zu der über 300 Gäste erscheinen. Vorgestellt werden das „Dante-Buch", der „Fische-Comic" und das „Giger-Tarot". Entstehung einer eigenen Homepage (voenix.de).

2001 Beginn der Funny-Comicserie „Der Magus" bei der Zeitschrift AHA (aha-zeitschrift.de), die alle 2 Monate herausgegeben wird. Im Dezember Umzug mit seiner Lebensgefährtin Lü nach Thüringen zum Arun-Verlag.

Aus mehreren Gründen (unter anderem, dass der Druck des ersten Comics daneben geht), einigen sich Voenix und Akron mit Arun, die Comic-Reihe fortan selbst herauszubringen. Im Juni Gründung der Akron Verlags AG (akron.ch) mit Akron und Lussia in St.Gallen. Im Oktober (zeitgleich zur Buchmesse) Geburt seiner ersten Tochter Alruna. Bei Arun erscheint das Buch „Die Fahrten des Thor“ und eine von ihm illustrierte Edda. Im Dezember folgen die Dante-Comic-Bände 2 und 3 in der Akron Verlags AG.

2002 Im Frühling kommen die Dante-Comic-Bände 4 und 5 auf den Markt. „Tolkiens Wurzeln“, eine mythologische Bestandsaufnahme zum „Herrn der Ringe“, erscheint im Herbst. Kurz vor Jul Veröffentlichung des Buches „Im Liebeshain der Freyja“. In unregelmäßigen Abständen verschiedene Artikel, Bilder und Beiträge in der „AHA“ und dem „Golem“ (golem-net.de).

2003 Im Frühjahr Veröffentlichung des 6. Comics der Dante-Reihe. Mehrere Lesungen in Buchhandlungen und auf verschiedenen Veranstaltungen. Im Herbst erscheint neben dem vorliegenden Bildband außerdem der erste „Magus-Comicband“ in der Akron Verlags AG.

Weitere Werke von Voenix bei Arun

Welteneschen-Eschenwelten

Das Germanische Götterorakel und Nachschlagewerk

456 Seiten, 82 s/w Abb., geb., Großformat, Schutzumschlag, € 34,95 / 57,80 SFR
ISBN 3-927940-70-4

Odin, Frigg, Thor, Loki und... - wer kennt sie wirklich alle, die germanischen Götter? Voenix eröffnet uns einen ausführlichen Einblick in den mythischen Götterhimmel. Erstmalig werden zahlreiche Entsprechungen wie Bäume, Pflanzen, Tarot, Astrologie und die Runen zugeordnet. Ein esoterisch-psychologisches Profil der jeweiligen Gestalt vernetzt auf leicht verständliche Weise mythisches Gedankengut mit dem Wissen der Moderne. Jede Gottheit wird in einer ganzseitigen s/w Illustration vorgestellt. Weltenesche ist ein bebildertes Nachschlagewerk, das unter Berücksichtigung des Volksglaubens und alter Bräuche alles Wissenswerte zusammenträgt und darüber hinaus als fundiertes Begleitbuch für das Kartenorakel dient.

Das germanische Götterorakel

Die Orakelkarten zur Weltenesche

81 farbige Spielkarten,
Beiheft (48 S.), Faltschachtel,
€ 21,50 / SFR 28,10
ISBN 3-927940-59-3

Weltenesche - Postercollection 1

Postermappe mit 5 Postern, A3,
€ 20,50 / SFR 36,40
ISBN 3-935581-02-5

Die Bilder der Frigg, der Fjörgyn, des Odins und des Wotans, sowie der Legeplan für die Orakelkarten hier im großen A3-Format!

Nordic Design

Aufkleber & T-Shirts

12 Aufklebermotive (Adhäsionsfolie)
mit Erläuterungstext, einzeln verpackt
in Schutzfolie. Jeweils 14 x 14 cm.
Preis pro Aufkleber € 2,95
T-Shirts auf Anfrage bei Arun

Die im Buch verwendeten Abbildungen gibt es auch als Aufkleber und auf T-Shirts!
Die Reihe Nordic Design sucht auf kreative Weise die Mythologie unserer Vorfahren mit zeitgenössischer Kunst zu verbinden.

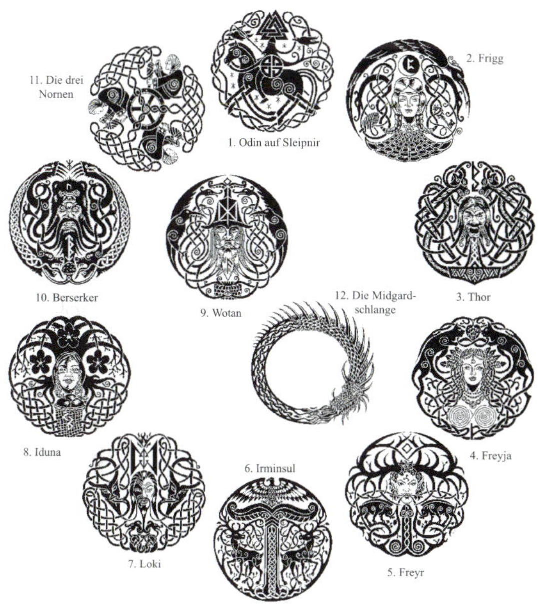

Weitere Werke von Voenix bei Arun und der Akron Verlags AG

Auf Wotans Pfaden: **Neues vom alten Wanderer**
208 Seiten, 30 s/w Abb. Broschur, A5, € 15,50 / SFR 26,70, ISBN 3-927940-70-4

Als umherziehender Wanderer durchstreift der Göttervater Midgard, die Welt der Menschen. Dort schlüpft er in die unterschiedlichsten Verkleidungen, um unerkannt in die Geschicke seiner Günstlinge einzugreifen. Diesen erteilt er Rat und Hilfe, prüft aber gleichsam deren wahre Gesinnung. Die Geschichten erzählen aus dem Leben von Menschen, die sich unter den schwierigsten Umständen behaupten müssen, und deren Schicksalsrad sich beständig zwischen der Gier nach Macht, der Angst vor dem Tod und der Hoffnung auf Liebe dreht. Sie alle begegnen dem einäugigen Gott, der es auf listige Weise versteht, sie hinter ihren eigenen Masken zu entlarven, unter welchen sich nicht selten das gütige Herz einer geschundenen Seele verbirgt. Erzählungen, welche die alten Seiten wieder zum Klingen bringen und in denen auch derber Witz und eine Prise Erotik nicht zu kurz kommen.

Die Fahrten des Thor: **Neue Abenteuer vom Donnergott**
224 Seiten, 30 s/w Abb., Broschur, A5, € 15,50 / SFR 26,70, ISBN 3-927940-99-2

In der Edda finden sich eine Vielzahl von Erzählungen um den Donnergott Thor, der hierzulande allgemein unter dem Namen Donar verehrt wurde.

Als ältester und stärkster Sohn des Göttervaters Odin (Wotan) obliegt Thor die Sicherheit für Asgard, die hehren Gefilde der Götter und Midgard, die Welt der Menschen. Bekannt für seinen gesunden Appetit und eine gewaltige Trinkfestigkeit, lassen ihn sein natürliches, aber auch jähzorniges Gemüt immer wieder in die seltsamsten Situationen geraten, in deren Lage er sich jedoch stets mit Herz und einer Portion Bauernschläue zu behaupten weiß. Sein gewaltiger Hammer Mjölnir leistet ihm dabei manch wertvolle Dienste.

Im Liebeshain der Freyja: **Neue Geschichten um die Göttin der Liebe**
256 Seiten, 30 s/w Abb., Broschur, A5, € 15,50 / SFR 26,70, ISBN 3-935581-20-3

Einst existierten viele Sagen um die geheimnisvolle Liebesgöttin, deren sinnliches Wesen der kirchlichen Obrigkeit und deren Schreibzensoren verständlicherweise ein Dorn im Auge war. Hier verknüpfen sich die Bruchstücke einzelner Überlieferungen aus der Edda zu lustvollen Begebenheiten, in denen die junge Freyja zunächst eine Initiationsreise zu bestehen hat. In deren Verlauf erhält sie ihre natürlichen Machtattribute, den leuchtenden Halsschmuck Brisingamen, ein Falkengewand und ihr flinkes Reittier, das Schwein Hildeswin. Später wandelt sie auch unter den Menschen, unter die sie Heilung, sexuelle Lust und die Liebe zum Leben trägt.

Tolkiens Wurzeln: **Die mythischen Quellen zum „Herrn der Ringe"**
176 S., 4-farbig, Broschur, € 20,00 / SFR29,80, ISBN 3-905372-19-3

Was ist eigentlich so besonderes an J.R.R.Tolkiens Ring-Epos?

Voenix, Mythenkenner, Autor und Maler sucht mit diesem Buch Antworten der etwas anderen Art auf diese Frage zu finden. Dabei nimmt er eine genaue Bestandsaufnahme der von Tolkien geschaffenen Welten und Charaktere vor und vergleicht diese mit den bestehenden Mythen des Abendlandes.

Übersichtlich werden so bekannte Gestalten wie Gandalf, Frodo, Gwaihir oder Sauron durchleuchtet und führen vor Augen, dass Tolkien aus jenem „kollektiven Seelenbrunnen" schöpfte, aus dem schon vor Jahrtausenden die wichtigsten Archetypen unserer Kultur hervorgingen. Mit zahlreichen farbigen Illustrationen versehen, die sich an den Darstellern der dreiteiligen Neuverfilmung orientieren, verspricht dieses Buch einen doppelten Lesegenuss für alle Fans des Fantasy-Genres, Mythenliebhaber und solche, die es noch werden wollen.